안전이
명리학을 만나다

안전이 명리학을 만나다

발행일   2026년 3월 3일

지은이   정현석

펴낸이   김진경
펴낸곳   혼북스
출판등록   제2025-000100호
주소   경기도 성남시 수정구 위례광장로 104, 2212호(창곡동, 위례 한화 오벨리스크 센트럴스퀘어)
전화번호   031-778-7963
이메일   dagarius@naver.com

편집/디자인 (주)북랩
제작처   (주)북랩 www.book.co.kr

ISBN   979-11-993895-2-6 03190 (종이책)   979-11-993895-4-0 05190 (전자책)

안전이 명리학을 만나다

인재人災를 줄이기 위한 인간 이해의 기술

정현석 지음

산업재해 80% 인재

산업재해의 80%는 인재人災다!
인재를 줄이려면 소통이 필요하고,
소통의 출발점은 사람을 이해하는 일이다.

그 해답은 언제나 명리학에 있다.

HB
HONE BOOKS

프롤로그

우리나라 속담 중에는 "호랑이 굴에 들어가도 정신만 바짝 차리면 살 수 있다"는 말이 있다. 정말 그런지는 모르겠지만 그만큼 사람의 정신 자세가 중요하다는 것을 비유한다.

아무리 척박한 산업현장에서도 다치지 않으려는 의식만 제대로 갖추고 있다면 사고로 이어질 확률은 현저히 낮아질 것이다.

몇 년 전 거실에 있던 화병 세트가 바닥으로 떨어지면서 날카로운 유리가 사방으로 번졌다. 당연히 안전을 위해서라면 장갑을 끼고 조심스레 치워야 하는 게 상식이었다.

그런데 호기심이 발동하였다. 그리고 맨손으로 아무런 보호 장비도 없이 조심스레 칼날 같은 유리를 말끔히 치운 적이 있다. 물론 조금의 상처도 입지 않았다. 자랑하는 것이 아니다.

분명히 보호 장비도 없이 한 것은 비정상적 행동이었다. 하지만 정신을 바짝 차리고 차분히 행동한 결과 조금의 상처도 없이 위험 청소 작업을 완료할 수 있었다.

물론 만약 이런 일을 향후에도 지속적으로 해야 하는 상황이라면 안전을 장담할 수 없을 것이다. 왜냐하면 사람은 결코 언제나 일정한 상태를 유지할 수 없기 때문이다.

재해는 사람의 의식 수준과 상관관계가 매우 높다. 아무리 철저한 안전 시스템과 교육 환경에도 사람의 예측 불허한 유동적 속성은 무재해를 장담할 수 없게 한다.

저자는 이런 사람의 유동적 속성을 가장 잘 파악할 수 있는 방법이 명리학이라고 주장한다.

저자는 수년 전 우연히 비판적 시각으로 명리학을 탐구하기 시작했다. 도대체 왜 사람들은 저런 비학문에 관심을 가지는 것일까? 하는 의문이 들었었다. 그리고 그 문제점을 교회 성도 중에서도 사주에 관심 있는 사람들에게 잘 설명해 주고 싶은 일종의 사명감이 생겼다.

하지만 명리학을 조금씩 깊게 공부하면서 처음 의지와는 완전히 상반된 마음이 들었고, 왜곡된 선입견도 서서히 사라지게 되었다.

명리학은 단순히 사람의 말과 행동 등 외형적으로 파악할 수 있는 편견을 넘어 뼛속 깊이 내재하는 근본을 알 수 있다는 점에 큰 깊은 공감을 느끼게 되었다.

어쩌면 자신도 모르는 자신을 알 수 있다는 점에 큰 매력을 느꼈다.

명리학을 개념만 아는 사람들이나 남들의 왜곡된 견해가 머릿속에 각인되어 있는 사람은 기존 명리학에 관한 선입견에서 헤어 나오기 어려울 것이다. 기독교 대부인 아우구스 티누스가 말하길 "하나님은 인류에게 두 가지 책을 선물하셨는데, 첫 번째는 성경이요, 두 번째는 자연이다."라고 했다. 명리학은 자연의 원리를 정립한 학문이고 사람도 자연의 일부에 속한다.

명리학은 통계학의 '중심극한 정리'[1]가 말해 주듯이 강력한 통계적 패턴과 빅데이터의 정보량으로 놀라운 정확성이 있다.

산업재해 중 인재(人災)가 차지하는 비율이 대부분이라고 한다. 그렇다면 명리학은 안전을 위해서도 적지 않은 도움을 줄 수 있겠다는 확신이 생겼다.

과학적 근거를 운운하며 편견을 갖기보다 본인과 동료의 안전을 위한다면 한 번쯤은 새로운 시각에서 바라보는 계기가 되어야 할 것이다. 세상은 과학으로 설명되지 않는 현상이 무수히 많다.

---

1) 모집단의 분포 형태에 관계 없이, 그 모집단에서 추출한 표본의 크기가 충분히 클 때, 반복적으로 구한 표본평균들의 분포는 항상 정규분포에 가까워진다는 정리

본서는 일반적 사주를 보는 방법을 가르치기 위함이 아니다. 만약 건강, 재물, 이성관계 등 일상적인 부분에 관심이 있다면 사주만을 다루는 전문가의 해설을 받길 바란다.

본서의 집필 목적은 산업재해의 인재가 사고원인 대부분을 차지하는 상황에서 사람의 근본을 파악하여 적재적소에서 관리와 배치가 이뤄질 수 있도록 하는 것이다. 즉 맞지 않은 일을 억지로 시키면서 발생하는 리스크를 최소화하는 데도 있다. 또한 적합한 사람을 최대한 활용하여 업무의 효율을 높이자는 취지도 있다.

저자는 포스코 35년 재직 동안 포스코 포항, 광양 제철소 현장과 오피스 빌딩 등에서 직,간접적인 정비지원과 안전 업무를 수행하였다. 그동안 사내에서 발생한 가슴 아픈 여러 가지 산업재해를 보면서 앞으로 인재(人災)는 재발해서는 안 된다는 작은 소망으로 글을 쓰게 되었다.

패턴화된 의무 안전교육, 완벽에 가까운 안전 시스템

에도 불구하고 끊임없이 안전을 위협하는 재해를 새로운 관점에서도 바라볼 필요가 있다고 생각한다.

사주팔자라는 8개 운명 코드는 오랜 역사 동안 임상 실험을 통해 통계적으로 검증된 학문이다.

오랫동안 미신이나 무속으로 폄하된 여론으로 3,000년 이상 역사의 뿌릴 두고 있는 명리학의 권위가 훼손되는 일은 더이상 없어야 할 것이다.

다행히도 최근에는 AI라는 마이다스급 분석 툴이 생겨 이젠 누구나 쉽게 자신과 동료의 사주를 통해 성향, 기질을 알아볼 수 있게 되었다. 안전업무에 있어서도 적성 여부를 분명히 제시하므로 안전관련 업무의 인력 배치와 활용에도 적잖은 도움이 될 것이다.

MMPI, MBTI 등 다양한 성향분석 툴도 활용하길 바란다. 하지만 당사자의 설문을 통해서 파악한다는 것은 본인도 모르게 변화된 환경적 요소가 영향을 미치게 되어 있어 명리학의 결과와는 편차가 있을 수 있다.

향후 산업재해는 지속적으로 줄어들 것으로 예상하

나 재해 속 인재 비율은 더 늘어날 수도 있다는 비관적 시각도 있다. 따라서 다방면에서 사람의 성향과 기질을 분석하고 소통하는 일에 비중이 높아져야 한다고 생각한다.

그중 명리학이야말로 가장 객관적이고 정확한 정보를 제공해 줄 것이라고 믿어 의심치 않는다.

차례

안전과 명리학의 만남

산업재해 원인의 대부분은 인재〔人災〕이다.

인재〔人災〕를 줄이려면 소통〔疏通〕이 필요하다.

소통이 잘 되려면 사람근본〔根本〕을 이해해야 하고,

사람의 근본은 명리학〔命理學〕으로 알 수 있다.

01

재해의 80% 이상은 인재(人災)

○ ● ○

법과 시스템을 넘어, '사람의 본질'에 집중해야 할 때

2022년 중대재해처벌법 시행 이후, 기업들은 산재 예방에 사활을 걸고 있다. 하지만 자금과 인력이 부족한 중소기업에 이 법은 감당하기 버거운 짐이 되곤 한다.

안타까운 사실은 강력한 법 집행에도 불구하고 사고 수치는 눈에 띄게 줄지 않고 있다는 점이다. 여전히 '폭탄 돌리기' 식의 중대재해 위험이 기업을 위협하고 있으며, 그 화살은 주로 일용직이나 외국인 노동자 등 취약 계층을 향하고 있다.

국가가 법이라는 칼을 빼 들었지만, 재해를 바라보는 근본적인 시각이 바뀌지 않는다면 그 효과는 한계가 있을 수밖에 없다. 천재지변을 제외한 대부분의 사고는 결국 '사람의 불안전한 행동'에서 기인하기 때문이다. 안전 시스템이 아무리 고도화되어도, 그 시스템을 운용하는 사람을 제대로 이해하고 배치하지 못한다면 재해의 불씨는 꺼지지 않는다.

적재적소(適材適所), 안전의 시작이자 완성

인재(人災)의 근본 원인 중 하나로 '적재적소의 실패'를 꼽는다. 현재 산업 현장에서는 투입되는 현장 인력의 성향이나 적성을 분석하는 경우는 거의 없다. 기껏해야

나이나 지병 유무를 확인하는 수준에 그친다. 사무직을 뽑을 때 정교하게 진행하는 인적성 검사는 건설 현장 같은 급박한 인력 수급 환경에서는 먼 나라 이야기일 뿐이다.

하지만 중대재해로 인해 회사의 존립마저 위협받는 지금, 이런 관행은 위험하다. 사람은 본래 불안정한 존재이며, 멀쩡해 보이던 이도 비상식적인 행동을 할 수 있다. "송충이는 솔잎을 먹어야 한다"는 말이 있다. 송충이가 억지로 떡잎을 먹으면 결국 탈이 나고 죽기 전 거친 몸부림을 치게 되는데, 이것이 산업 현장의 '재해 전조 현상'과 흡사하다.

명리학, 가장 정교한 인적성 분석 도구

산업 현장에는 위험 작업에 투입되어선 안 되는 성향

이 분명히 존재한다. 안전 기획, 정밀 조사, 고위험 작업 등 각자 기질에 맞는 역할이 주어져야 한다. 업무와 기질의 궁합이 맞지 않으면 시간이 흐를수록 사고의 발톱이 드러나기 마련이다.

이제는 사람의 본질을 파악하는 일에 관심을 가져야 한다. 사주팔자는 왜곡할 수 없는 인간의 본질을 투명하게 보여준다. 명리학을 통한 기질 분석은 가장 객관적인 인력 배치 기준이 될 수 있다. 안전 교육 또한 당사자의 적성에 맞는 업무가 주어졌을 때 비로소 최고의 효과를 발휘할 것이다.

02

인재의 원인 중 하나는
소통 부재

○ ● ○

산업 현장에서 발생하는 대다수의 사고는 작업자의 부주의나 실수, 즉 인재(人災)다. 그러나 인재를 단순히 개인의 결함으로 치부하는 것은 사고의 근본해결 방법이 아니다. 본서는 인재의 근본적인 원인을 '소통 부재'와 '심리적 안전감 결여'에 있음을 강조한다.

위험을 인지하고도 말 못 하는 조직 문화가 어떻게 개인의 실수를 유발하고 시스템의 붕괴를 초래하는지를 말하며, 안전은 통제가 아닌 소통에서 시작됨을 제언한다.

"조심 좀 하지 그랬어." 사고가 발생한 후 현장에서 가장 흔히 들리는 말이다. 통계적으로 산업재해의 80% 이상이 불안전한 행동, 즉 사람의 실수에 기인한다고 알려져 있다. 이에 따라 많은 기업은 작업자를 교육하고, 징계하고, 감시하는 방향으로 안전 대책을 수립해 왔다.

하지만 우리는 여기서 근본적인 의문을 제기해야 한다. 베테랑 작업자가 뻔히 보이는 맨홀에 빠지고, 수십 년 경력의 관리자가 필수 절차를 누락하는 일이 왜 반복되는가? 그들이 정말 '몰라서', 혹은 '죽고 싶어서' 실수를 저지르는 것일까?

우리가 '인재'라고 부르는 현상은 사실 결과일 뿐, 원인이 아니다. 그 결과 뒤에는 위험 신호가 조직 내에서 흐르지 못하고 차단되는 거대한 벽, 바로 '소통 부재'가 굳건히 버티고 있기 때문이다.

현장의 모든 작업자는 그 자체로 훌륭한 '위험 감지 센서'다. 기계가 읽어내지 못하는 미묘한 진동, 동료의 안색, 평소와 다른 공기의 흐름을 가장 먼저 감지하는 것은 현장의 실무자들이다.

문제는 이 센서가 감지한 정보가 중앙제어장치(관리자 및 조직)로 전달되지 않을 때 발생한다. 이를 안전 심리학에서는 '침묵 효과(Mum Effect)'라고 부른다.

왜 그들은 입을 다무는가?

첫째, 권위적인 위계질서다. 상급자가 정해놓은 공기(工期)나 작업 방식에 이의를 제기하는 것이 반항이나 능력 부족으로 비칠 것이라는 두려움이 존재한다.

둘째, 무력감의 학습이다. 과거에 위험을 보고했으나 "알아서 처리해", "예민하게 굴지 마"라는 피드백을 받은 경험은 작업자의 입을 영구적으로 봉인한다.

소통이 단절된 현장에서 작업자는 고립된다. 동료와 정보 교류 없이 홀로 판단하고 행동해야 하는 상황은 개인의 인지 부하를 높이고, 이는 곧 판단 착오로 이어진다.

예를 들어, A라는 작업자가 장비의 이상 징후를 발견

했다고 가정하자. 활발한 소통 문화가 있는 곳이라면 "이거 소리가 좀 이상한데?"라고 옆 동료에게 묻고 교차 검증을 통해 작업을 멈출 것이다. 하지만 소통이 부재한 곳에서 A는 '내가 잘못 들었겠지'라며 자신의 직관을 무시하거나, 멈췄다가 욕을 먹을까 두려워 작업을 강행한다.

결국 사고는 개인의 부주의 때문이 아니라, '위험을 함께 해석하고 걸러줄 동료와 소통 시스템의 부재' 때문에 발생한다. 즉, 인재는 개인이 멍청해서가 아니라, 조직이 그를 혼자 두었기 때문에 일어나는 비극이다.

많은 현장에서 '안전 소통'을 '보고(Report)'와 혼동한다. 조회 시간에 일방적으로 지시 사항을 하달하고, 작업 허가서에 서명 받는 행위는 행정적인 절차일 뿐 진정한 소통이 아니다.

진정한 안전 소통은 쌍방향적 대화(Dialogue)다. "지시한 대로 해"가 아니라 "이 작업을 하는 데 어떤 어려움이 예상되나?"를 묻는 것이다. 작업자의 불만, 우려, 사소한 찜찜함을 테이블 위로 꺼내놓을 수 있을 때, 잠재되어 있던 사고의 씨앗(Near Miss)들이 비로소 실체를 드러내고 제거될 수 있다.

구글의 '아리스토텔레스 프로젝트'는 고성과 팀의 공통점으로 심리적 안전감(Psychological Safety)을 꼽았다. 이는 구성원이 자신의 의견을 말해도 비난받거나 불이익을 당하지 않을 것이라는 믿음이다. 산업 현장의 안전 역시 마찬가지다.

"저기 좀 위험해 보이는데요?"라고 막내 사원이 현장소장에게 거리낌 없이 말할 수 있는 현장, 그 말이 비난이 아닌 고마운 제보로 받아들여지는 문화. 그것이 수십억 원짜리 안전 장비보다 더 강력하게 사람을 살린다.

'사람이 문제다'라는 시각을 버려야 한다. 사람이 문제가 아니라, 사람과 사람 사이를 가로막는 벽이 문제다. 인재(人災)를 줄이고 싶다면, 작업자의 손끝을 감시하기 전에 그들의 입을 열게 해야 한다.

안전은 결국, 사람과 사람이 서로를 지키기 위해 끊임없이 대화하는 과정 그 자체이기 때문이다.

03

소통은 먼저 서로의 근본을
알아야 한다

○ ● ○

안전을 위한 진정한 소통이란 단순히 정보를 교환하
는 것이 아니라, 자신의 불완전함과 타인의 존엄함이라
는 본질을 깊이 이해하는 과정임을 규명한다. 기술적
통제를 넘어, 인간의 본질을 마주하는 것이 어떻게 가
장 강력한 안전 시스템이 되는지 고찰한다.

"결국 사람이 문제야." 사고 현장에서 우리는 이 말을
너무나 쉽게 내뱉는다. 통계적으로 산업재해의 80% 이
상이 불안전한 행동에서 비롯된다는 데이터는 이 비난
에 힘을 실어준다. 기업은 사람을 통제하기 위해 CCTV

를 설치하고, 매뉴얼을 강화하며, 처벌 수위를 높인다.

하지만 이러한 '사람 통제' 방식이 근본적인 해결책이 되었는가? 여전히 베테랑 작업자가 뻔한 위험에 노출되고, 동료들은 침묵한다. 우리는 인재(人災)라는 단어에서 재해만 보고 정작 사람(人)의 본질은 보지 못했다.

사고는 개인의 부주의가 아니라, 위험 신호를 주고받아야 할 사람과 사람 사이의 연결이 끊어졌기 때문에 발생한다. 이 연결을 복원하기 위해서는 매뉴얼 이전에 소통에 대한 새로운 정의가 필요하다.

상급자의 권위에 눌려, 혹은 "유난 떤다"는 비난이 두려워 입을 다무는 '침묵 효과(Mum Effect)'가 발생하기 때문에 이는 필연적으로 인지 오류와 사고로 이어진다.

그렇다면 왜 우리는 소통하지 못하는가? 단순히 성격 탓일까? 아니다. 가장 근본적인 원인은 상대와 나를 바라보는 관점, 즉 본질에 대한 이해가 결여되어 있기 때문이다.

현장에서 우리는 서로를 '기능'으로 대한다. 관리자는

작업자를 생산 도구로, 작업자는 관리자를 감시자라는 껍데기로만 인식한다. 역할과 역할이 만나는 곳에 진심은 설 자리가 없다. 기능적인 관계에서는 방어기제가 작동하여 솔직한 위험 공유가 불가능하다.

진정한 안전 소통은 말하기 기술이 아니다. 그것은 자신과 상대의 본질을 깊이 자각하는 태도에서 시작된다.

첫째, 자신의 본질을 아는 것이다.

인간은 누구나 불완전하다. 컨디션에 따라 실수할 수 있고, 감정에 따라 판단이 흐려질 수 있는 존재다. 이를 인정하는 겸허함이 안전 소통의 출발점이다. "나도 언제든 틀릴 수 있다"는 사실을 아는 사람은 동료의 지적을 공격이 아닌 구조 신호로 받아들인다. "김 반장, 안전고리 잊었어!"라는 말에 화를 내는 대신 "아차, 고마워. 당신 덕분에 살았어"라고 말할 수 있는 힘은 자신의 불완전함을 인정하는 데서 나온다.

둘째, 상대의 본질을 아는 것이다.

내 옆의 동료를 작업자 A가 아닌, 존엄한 생명으로 바라보는 것이다. 그가 작업복을 벗으면 누군가의 소중한 아버지이자 자식이며, 삶에 애착이 있는 나와 똑같은 인간임을 직시해야 한다.

상대의 본질을 볼 때, 우리는 지시나 명령이 아닌 배려의 언어를 쓰게 된다. "빨리 끝내"라는 말 대신 "다치지 않게 조심해"라는 말이 나올 때, 비로소 죽어있던 현장의 소통이 숨 쉬기 시작한다.

구글의 연구에 따르면 고성과 팀의 핵심은 심리적 안전감이었다. 이는 "내가 어떤 말을 해도 이 조직은 나를 비난하지 않을 것"이라는 믿음이다. 산업 현장이야말로 이 믿음이 가장 절실한 곳이다.

인재(人災)를 막는 힘은 최첨단 센서나 두꺼운 처벌 규정보다, 서로를 고유한 본질적 존재로 대우하는 따뜻한 말 한마디에 있다.

작업자의 손끝을 감시하기 전에 그들의 눈을 바라봐야 한다. 우리가 서로를 기능이 아닌 본질적 인간으로 마주하며 연결될 때, 그 연대감은 그 어떤 안전장치보다 강력하게 우리의 생명을 지켜줄 것이다.

04

사람의 근본은 명리학으로
정확히 조명된다

○ ● ○

요즘은 수준 높은 인적성 검사도 있어 대단히 정확한 성향 정보를 축출할 수 있다. 문제는 현실성이다. 우선은 조사하는 과정에 많은 시간과 비용이 소요되며, 검사 대상자 의지에 따라 얼마든지 결과 왜곡될 가능성도 있다.

산업 현장의 안전업무 특성을 고려한다면, 현실적이고 간편한 분석 툴이 필요하다.

명리학은 많은 데이터를 필요로 하지 않지만 결과는 방대(100만 가지 이상/운(運)의 경우수를 고려하면 약

2,000만 가지)하고 정확하다. 물론 사주를 해석하는 사람마다 지식과 경험에 편차가 있어 자의적으로 해석하는 경우는 있다. 하지만 향후 이를 방지하기 위해 AI와 같은 툴을 활용한다면 더욱 신뢰도가 높아질 것이라 생각한다.

사주에 들어가는 생년월일은 고정된 숫자다. 과거에는 태어난 시각을 제대로 알지 못해 결과가 엉뚱하게 나오는 사례도 있었다. 하지만 요즘은 대부분 병원에서 출산이 이뤄지므로 정확히 태어난 때를 얻을 수 있다.

우리는 천간(우주의 기운)과 지지(땅의 기운)가 서로 순환하며 일정 때와 시각마다 복잡한 함수성 기운을 만들어 낸다는 사실을 알아야 한다.

그 기운의 정확한 본질은 추가로 과학적인 연구가 필요하겠지만 영향력은 크다는 것을 알 수 있다. 마치 자기장 같은 전기에너지가 영향을 미치며 존재할 것이라 추정할 수 있다.

예를 들어 천간 기운의 발산지는 태양, 달, 그리고 목성이 대부분이다. 천문학에 대해서 문외한 사람도 태양이 지구에 미치는 영향이 매우 크다는 것 정도는 알 것이다. 이유는 지구에 낮과 밤을 형성하기 때문이다.

기타 행성의 영향력은 그것의 크기가 얼마나 큰지, 또 지구와 얼마나 근접해 있는가에 따라 달라진다. 달의 부피는 지구의 10분의 1 정도지만 다른 행성에 비해 가까이 있기 때문에 영향력이 매우 크다.

대표적으로 밀물과 썰물을 들 수 있다. 거대한 양의 바닷물을 움직일 정도니 보이지 않는 위력이 얼마나 큰지를 알 수 있다. 실제로 사람도 달의 영향으로 심리적, 육체적 변동이 있다는 것은 공감할 것이다. 이를 신체, 감성, 지성 바이오리듬이라고 하는데 실제로 일부 기업과 산업 현장에서 활용되기도 한다.

다음으로 목성이다. 목성이 태양을 한 번 돌 때 지구가 태양을 12번 돈다. 즉 12년 걸리는 셈이다. 목성은 지구의 350배 이상의 거대한 행성이다. 만약 목성이 태양계에 없다면 수많은 정체불명의 유성이 하루가 멀다하고 지구로 떨어져 온전한 도시는 없을 것이다.

하지만 큰형님 같은 목성이 있어 지나가던 유성을 잡아당기는 바람에 지구는 유성의 폭격에 온전하게 유지된다는 것이다. 놀라운 우주의 질서가 아닐 수 없다.

이번에는 지지를 알아보자. 천간이 하늘의 기운이라면 지지는 바로 사람과 가장 가까운 지면에서부터의 기운이다. 실제로 지구 내부는 지금도 활활 타오르는 용암인 맨틀의 에너지가 살아 있다. 그리고 지구는 자전하면서 끊임없이 변화하는 자기장을 형성하고 있다. 나침반이 움직이는 것은 바로 그 자력의 영향이라고 볼 수 있다.

지지는 결국 천간 영향력의 집합체라고 보는 견해도 설득력이 있다. 이를 지장간(地藏干)이라고 하는데 사주에 많은 영향을 준다. 선조들은 수천 년 동안 이런 변화의 양상을 눈여겨봤으며, 기록하고 패턴화시켰다.

그것이 우리가 사용하는 12지지(地支)다. 다양한 동물로 명시했지만 어디까지나 상징적인 것이라 보면된다.

천간과 마찬가지로 음과 양이 분명하고 동서남북을 상
징하는 등 천간과 합하여 다양한 사람의 성향과 기질
을 만들어 낸다.

05

명리학이 우리 삶에
오랫동안 스며들어 있다는 사례

○ ● ○

　우리는 종종 무심코 던지는 말에 명리학적 의미가 포함되어 있다는 사실을 간과하는 경우가 많다. 우리의 현명한 조상들은 종종 길흉화복(吉凶禍福)의 현상을 대할 때마다 명리학적 관점으로 의미를 해석해 왔다.

　예를 들어 어떤 사고가 일어났을 때 흔히 들어왔던 뒷담화가 명리학과는 어떤 연결고리를 가지고 있는지 가볍게 이해하는 시간을 갖자. 그리고 한국 사람의 의식 세계는 명리학이 깊은 뿌리를 두고 있음을 재확인하는 계기가 되어야 할 것이다.

명(命)의 관점

"그 일은 원래 그 사람한테는 안 맞았당께~"

이를 명리학적 관점에서 해석하면, 그 사람의 사주팔자에 담긴 오행의 구성이 그가 하는 일의 속성이나 환경과 조화를 이루지 못했다는 뜻으로 볼 수 있다.

명리학에서는 사람의 타고난 기질과 운명을 사주팔자라는 여덟 글자를 통해 분석한다. 각 글자는 오행(木, 火, 土, 金, 水)의 속성을 지니며, 이 오행의 상생(서로 돕는 관계)과 상극(서로 극하는 관계)을 통해 개인의 성격, 재능, 적합한 직업 등을 풀이한다.

따라서 "안 맞았다"는 것은 사주팔자에 특정 오행이 너무 많거나 부족하여 그 사람의 심신이 불안정해지고, 이로 인해 특정 직업이나 환경에 적응하기 어려움을 겪는 경우로 볼 수 있다.

결국 타고난 사주와 직업이 서로 맞지 않아 능력을 발휘하기 힘들었거나 마음의 고통을 겪었을 가능성을 내포하고 있다.

"멀쩡허던 사람이 왜 그랬는지?"

이 말은 평소와는 전혀 다른 행동을 하거나 이해하기 힘든 선택을 하는 사람을 보며 느끼는 의아함과 혼란을 담고 있다.

이 말을 명리학적 관점에서 해석하면, 개인의 타고난 명(命)을 일시적으로 압도한 운(運)의 작용으로 설명할 수 있다.

명리학에서는 사람의 본래 성격, 기질, 잠재력 등을 사주팔자(四柱八字)에 담긴 명(命)으로 본다. 이는 개인이 타고난 변하지 않는 그릇과 같다. 멀쩡하던 사람은 바로 이 타고난 명이 안정적이고 합리적인 사람을 의미한다.

하지만 명리학은 타고난 명만큼이나 운(運)의 영향을 중요하게 본다. 이 기운은 때로는 타고난 명의 기운을 강화하기도 하고, 때로는 충돌하여 전혀 다른 모습을 드러내게 한다.

예를 들어, 평소 온화하고 순한 사람에게 강한 화(火) 기운이 들어오면 갑자기 불같이 화를 내거나 감정 조절 이 어려워질 수 있다. 이는 마치 평소 맑은 물에 흙탕물 이 섞여 탁해지는 것과 같다.

명리학에서는 사주에 해로운 영향을 미치는 오행을 기신(忌神)이라고 한다. 평소에는 잠재되어 있던 기신이 운에서 발동되면, 기신이 상징하는 부정적인 사건이나 심리 상태가 표면으로 드러나게 된다. 이로 인해 주변 사람들은 이해하기 힘든 모습들을 보게 되는 것이다.

결론적으로, "멀쩡하던 사람이 그때 와 그랬는지"라 는 말은 개인의 타고난 명이 불리한 운의 흐름에 의해 일시적으로 가려지거나 왜곡되어 예상치 못한 행동을 보인 현상을 명리학적으로 표현한 것이다.

"혹시 고의로 사고친 거 아녀?"

"혹시 고의로 사고친거 아녀?"라는 말은 명리학적으 로 볼 때, 극단적인 운의 흐름이 개인의 정신과 행동에 미친 부정적인 영향을 의미한다.

 명리학에서 자해(自害)와 같은 극단적인 선택은 단순히 개인의 의지 박약(薄弱)으로 보지 않는다. 타고난 사주팔자가 특정 시기에 들어온 대운이나 세운과 극심하게 충돌하거나, 특정 오행이 심하게 기울어져(과하거나 부족하여) 정신적, 심리적 균형이 완전히 깨진 상태를 의미한다.

 특히 정신적 압박, 스트레스, 재난, 소송 등을 상징하는 관살(官殺)이 강하게 들어와 본인의 일간(日干)을 극심하게 극(剋)하는 시기에는 감당하기 어려운 고통을 겪을 수 있다. 이때 사람은 평소의 이성을 잃고 극단적인 선택에 내몰릴 수 있다.

 또한, 사주팔자에 인성(印星)이 약하거나 운에서 인성이 깨지는 경우, 정신적으로 기댈 곳이 없어 고립감과 외로움에 시달리기 쉽다. 이는 곧 우울증이나 극단적인 생각을 유발하는 원인이 될 수 있다.

"무슨 놈의 청개구리 심뽀야?"

이 말은 명리학적으로 타고난 사주팔자에 '상관(傷官)'의 기운이 강하게 작용하는 경우로 해석할 수 있다. 십성에서 자세히 다루겠지만, 상관(傷官)은 글자 그대로 '관(官)을 상하게 한다'는 뜻으로, 여기서 '관(官)'은 규칙, 질서, 조직, 권위, 그리고 일반적인 상식을 의미한다.

상관의 기운이 강한 사람은 정해진 규칙이나 남이 하는 대로 따르는 것을 싫어한다. 틀에 박힌 사고방식에서 벗어나 자신만의 방식으로 문제를 해결하려는 독창적인 성향이 강하다.

억압이나 통제에 대한 반발심이 강해서, 누가 시키거나 강요하면 오히려 반대로 행동하려는 경향을 보인다. 그래서 이런 성향은 재해에 노출될 가능성이 크다고 볼 수 있다.

다만, 일반적인 조언이나 상식을 그대로 받아들이지 않고, 자기만의 방식으로 해석하기 때문에 주변 사람들에게 '고집불통'이나 '청개구리'로 비춰지기도 한다. 하지만 이는 무조건 부정적인 특성이 아니라, 새로운 길을 개척하고 창의적인 아이디어를 내는 독특한 재능이 될 수 있다.

"명줄이 여기까지인 갑다잉~"

이 말은 명리학적으로 그 사람의 운(運)이 결정적인 하락세를 맞이했거나, 타고난 사주 원국과 현재의 운이 크게 충돌하는 시기를 겪고 있음을 의미한다.

여기서 '명줄'은 단순히 수명만을 의미하기보다는, 즉 재물운, 건강운, 명예운 등이 전반적으로 소진되어 더 이상 순탄하게 나아갈 수 없는 상태를 뜻한다.

'명줄이 여기까지'라는 표현은 과거 10년간 자신에게 유리했던 좋은 대운이 끝나고, 사주 원국과 상극(相剋)하거나 불리하게 작용하는 새로운 대운이 시작되었음을 의미할 수 있다. 마치 순조롭게 달리던 길이 갑자기 낭떠러지로 바뀌는 것과 같다.

결론적으로, 이 말은 한 사람의 인생에서 좋은 흐름

이 끝나는 것을 감지한 주변인의 안타까운 탄식이며, 명리학적으로는 운의 급격한 전환과 충돌이 만들어낸 결과라고 해석할 수 있다.

운(運)의 관점

"재수 없어 그런 거 아녀?"

이 말은 명리학적으로 볼 때, 타고난 재운(財運)인 명(命)과 현재의 시간적 흐름인 운(運)이 조화롭지 않음을 의미한다. 여기서 재물은 단지 물질적인 자산의 의미를 넘어 인간이 누릴 수 있는 여러 가지 복을 의미한다.

재성이 긍정적으로 작용하는 사람은 돈을 버는 능력이 뛰어나고, 재성이 약하거나 부정적으로 작용하는 사람은 어려움을 겪기 쉽다.

아무리 타고난 재물운이 좋아도 현재 들어온 운이 재운이 불리하게 작용하면 어려움에 처하고 손해를 보기 쉽다는 의미와도 같다.

노력해도 뜻대로 재물을 얻지 못하는 상황은 단순히 불운이라기보다, 자신의 운 흐름이 재물을 얻기에 불리한 시기임을 알려주는 신호로 볼 수 있다.

사람들은 대부분 자신에게 주어진 일에 열과 성의를 다해서 일하면 좋은 결과가 기다리고 있을 것으로 예단한다. 하지만 이 세상의 흐름은 본인의 의지와 생각과 항상 합일치 하지 않는다. 이 말의 의미는 불가항력으로 영향을 미치는 운에 조금 더 조심하고 신중해야 한다는 의미가 내포되어 있다.

"액땜했다고 쳐야 쓰것지~"

이 말은 사고나 어려움이 발생하기 쉬운 흉운(凶運), 즉 운의 흐름이 불리한 시기에 겪은 일이라는 것을 전제한다.

이러한 흉운은 사주팔자와 대운(10년 주기), 세운(매년 주기)이 충돌하거나, 부정적인 영향을 주는 오행이 강해질 때 나타난다.

액땜은 '액운(厄運)을 대신한다'는 뜻으로, 큰 재앙을 막기 위해 미리 작은 어려움을 겪는 것을 의미한다.

결론적으로, "액땜했다고 쳐야 쓰것지"라는 말은 '원래는 훨씬 더 큰 불운을 겪을 수 있는 시기였지만, 운이 다행히도 좋게 작용하여 작은 어려움으로 흉운을 넘겼다'는 것을 명리학적으로 표현한 것이다.

"한참 조용허다 싶더니만~""

조용한 시기란 잠복기(休囚運, 공허의 시기)를 의미한다. 명리학에서 삶의 흐름은 12운성[장생(長生) → 제왕(帝旺) → 쇠(衰) → 병(病) → 사(死) → 절(絶) 등]처럼 순환한다.

이것은 인생의 좋은(힘이 생기는) 시기와 어려운(힘이 약해지는) 시기가 순환되어 진행되는 것을 의미한다.

"조용하다"는 것은 겉으로는 큰 사건이 없는 것 같지만, 실제로는 쇠(衰)·병(病)·휴(休)·수(囚)와 같이 힘이 약해지고 기운이 움츠러드는 시기일 수 있다.

즉, 잠복해 있던 문제가 드러나기 직전의 상태로 볼
수 있다.

"불안하다"는 감각은 단순한 심리적 예감이 아니라, 명
리학적으로는 형(刑), 충(沖), 파(破), 해(害)와 같은 불안정
한 기운이 작용할 때와 어떤 운(大運, 歲運, 月運)이 들어오
면서 기존의 지지와 충돌을 일으키면 사람은 직감적으
로 '이상하다, 뭔가 오겠다'라는 불안을 느끼게 된다.

명리학에서는 어떤 사건은 필연적(必然)으로 나타난다
고 본다.

이는 사주 원국 속에 잠재된 기운이 대운·세운의 자
극을 받아 현실화되는 순간을 말한다.

"올 것이 온 것"이라는 말은, 이미 격국이나 오행의 불
균형이 내재되어 있었고, 그것이 시간(운)의 흐름과 맞물
려 드러난 상황을 가리킨다.

하필 날씨도 꾸물거리니~~

이를 명리학적으로 해석하면, 타고난 운과 외부 환경인 날씨(天氣)가 모두 불리하게 작용했다는 뜻으로 풀이할 수 있다.

명리학은 사람의 타고난 사주팔자 외에도 천기(天氣)와 지리(地理)를 중요하게 여긴다.

천기는 하늘의 기운, 즉 계절이나 날씨를 의미하고, 지리는 땅의 기운, 즉 거주하는 장소나 공간을 의미한다. 명리학에서는 이 세 가지 요소, 즉 사주(인간의 기운), 천기, 지리가 서로 조화를 이룰 때 비로소 운이 좋아진다고 본다.

꾸물한 날씨, 즉 습하고 어두운 기운은 명리학적으로 '수(水)의 기운'이 강해지는 것으로 해석할 수 있다. 만약 개인의 사주에 이 수(水)의 기운이 불리하게 작용하는 기신(忌神)에 해당한다면, 날씨의 영향으로 인해 하는 일마다 답답하고 막히는 경험을 했을 수도 있다.

하늘(天氣), 땅(地理), 사람(四柱)이 조화를 이루어야 운이 상승하는데, 이 중 하나인 '천기'가 불리하게 작용했으니, 일이 잘 풀리지 않는 것은 당연한 결과라고 설명할 수 있다.

즉, 이 말은, 본인의 운이 좋지 않은 시기에, 외부 환경(날씨)까지 불리하게 작용하여 운이 더욱 나빠진 상황을 표현하는 명리학적인 해석이다.

"살풀이라도 해야 쓰겄다~"

'살풀이라도 해야겠다'는 말은 명리학적으로 나쁜 기운을 풀어내고 좋은 기운을 되찾겠다는 의지를 표현하는 것이다.

'살(煞)'은 명리학에서 운의 흐름을 방해하고 해로운 영향을 주는 기운을 의미한다. 이 기운이 강해지면 하는 일마다 꼬이고, 건강이 나빠지며, 심리적으로 불안해지는 등의 현상이 나타난다.

'살(煞, 殺)'은 단순히 나쁜 운을 넘어, 특정 오행이 과도하거나 불균형을 이루어 생기는 부작용으로 볼 수 있다.

예를 들어, 도화살(桃花煞)은 이성 관계에서의 문제를, 역마살(驛馬煞)은 분주하고 불안정한 삶을 의미한다.

'살풀이'는 이러한 해로운 기운을 제거하거나 약화시키는 행위를 뜻하는데 이는 미신적인 행위라기보다는 운의 흐름을 개선하려는 노력으로 해석된다. 명리학에서는 다음과 같은 방법들이 살풀이에 해당할 수 있다.

용신(用神)의 활용: 자신에게 도움이 되는 오행의 기운을 보충하는 행위(예: 특정 색깔의 옷 착용, 특정 방향으로 이사 등)

기신(忌神)의 억제: 자신에게 해로운 오행의 기운을 멀리하는 행위

환경의 변화: 사는 곳이나 일하는 공간의 기운을 바꾸는 것

결론적으로, "살풀이라도 해야 쓰겄다~"라는 말은 현

재 운이 막히고 하는 일마다 불운이 겹쳐 답답한 상황에서, 적극적으로 운의 흐름을 바꾸고 새로운 기회를 찾겠다는 강한 의지를 명리학적으로 표현한 것이다.

현대인들은 논리적이고 과학적인 근거만을 중시하지만, 어느 정도 세상의 연륜이 있는 사람들은 경험과 직관, 즉 감(感)을 통해 세상의 이치를 체득하고 있는 경우가 많다.

명리학은 눈에 보이는 과학적 근거보다는 눈에 보이지 않는 기운의 흐름을 다룬다. '감(感)'은 단순히 감정이 아니라, 오랜 경험을 통해 쌓인 기운의 흐름을 읽는 능력으로 볼 수 있다.

인생을 살아간다는 것은 다양한 사건과 인물들은 명리학적으로 오행(五行)의 상생과 상극(相生相剋) 관계를 체험하는 과정이다.

명리학은 타고난 모습과 기운의 흐름인 운기(運氣)를 읽는 학문이다. 현재의 운이 어떤 방향으로 흐르는지,

혹은 상대방의 운이 어떤 상태인지 직관적으로 파악하는 능력이다. 이는 타고난 사주팔자에 육감이나 촉이 발달한 사람에게서 더욱 두드러지게 나타난다.

재해를 막을 수만 있다면, 이념적 편견이나 프레임에서 벗어나 수단과 방법을 가리지 말아야 한다. 과학적 데이터를 통한 논리적 분석과 병행하여, 수천 년간 누적된 통계학인 명리학의 지혜도 적극 활용하는 노력이 필요할 것이다.

06

명리학의
오해와 진실

○ ● ○

 또한 명리학은 고정된 명(命)의 한계를 넘어 유동적 운 (運)의 변화를 통해 사람을 입체적 상태를 알 수 있도록 되어 있다.

 동양권 대부분 나라가 명리학의 우수성을 인정하고 지금도 활발히 연구와 학술적 임상이 진행되고 있다.

 일부 사람 중 명리학을 제대로 모르면서 미래 운명이 나 예측하는 미신, 무속도구로 여기고 있다는 점이 아 쉽다.

 물론 미래를 예측하는 면도 있다. 일기예보에서 내일

비 올 확률이 80%라고 한다면 대부분의 사람은 외출 시 우산을 준비하거나 외출을 삼가한다. 명리학은 그렇게 하라는 메시지를 준다.

명리는 3,000년 이상의 역사를 통해 검증된 동양의 통계학이다. 수천 년 동안 사람의 의식구조는 확연히 다르게 변모하였다. 하지만 사람의 본질은 변함없다. 서양도 명리학과 유사한 물질적 접근인 지풍화수(地風火水) 이론이 있듯이 말이다.

사람은 자신의 본질과 운명적 패턴에 대한 기본지식과 감각을 가진 사람만이 위험을 예측하고 대처할 수 있다고 본다.

명리학(命理學)은 인간의 운명을 논하는 학문이지만, 현대 사회에서는 미신이나 단순 점술로 왜곡되어 인식되기도 한다.

과거 명리학은 동양 철학의 일부로 체계적인 학문이었으나, 근현대를 거치며 학문적 기반이 약화되고, 정통적인 교육 과정 없이 구전되거나 상업화되면서 그 본질이 흐려졌다. 이 과정에서 합리적인 논리보다는 신비적인 요소가 과장되어 비과학적으로 취급되기 쉬워졌다.

실제로 명리학은 조선시대 과거시험에 의과와 같이 잡과의 하나였다. 즉, 최소한 한자를 아는 지식인들의 학문이었다. 이후 서양 문물이 거세게 들어오면서 동양 전통문화의 천시화, 일제강점기의 정치적 배척, 새마을 운동의 구습 타파 등의 여파를 거치면 음의 학문으로 제도권 밖으로 밀려났다. 하지만 심리 성향 분석에 대한 정확도가 높기 때문에 여전히 그 권위와 명맥이 유지되고 있다. 최근에는 우리나라뿐 아니라 동남아의 주요 국가에서도 학술, 연구 가치를 인정하며 재 확산되고 있는 추세다.

명리학의 핵심은 변화의 이치(易理)와 중용(中庸)의 가치를 탐구하는 데 있다. 즉, 사주팔자라는 주어진 에너지 구조를 이해하고, 이를 바탕으로 삶의 균형을 찾고 능동적으로 대처하는 학문이다. 하지만 많은 역술인이 사주를 정해진 숙명으로 해석하여 숙명론적 운명관을 주입함으로써, 현대인의 주체적인 삶의 태도와 충돌하고 비판의 대상이 되었다.

명리학을 표방하는 행위 중에는 과도한 금전적 이익을 추구하거나, 비윤리적인 불안 마케팅을 통해 사람들의 심리를 악용하는 경우가 있다. 이러한 상업적 점술 행위가 명리학 전체를 대변하는 것처럼 오해되면서, 학문으로서의 가치와 신뢰도가 크게 훼손되었다.

명리학이 현대 사회에 의미 있게 기여하고 왜곡된 인식을 해소하기 위해서는 자기 이해 도구이자 경향성 분석 학문으로서의 역할을 재정립해야 한다.

명리학은 사람의 타고난 기질, 성향, 잠재력, 그리고 삶의 흐름(운의 흐름)을 음양오행이라는 상징 체계로 분석한다. 이는 현대 심리학의 성격 유형론(MBTI, Big 5 등)과 유사하게 자아 탐색의 도구로 활용될 수 있다.

명리학의 대운(大運) 및 세운(歲運)의 변화를 통해 개인의 삶뿐만 아니라 사회, 경제, 문화와 같은 거시적인 흐름의 경향성을 분석할 수 있다. 이는 서양의 미래학이나 트렌드 분석과 유사한 관점을 제공할 수도 있다.

명리학을 대하는 전문가들 스스로 엄격한 윤리적 기준을 세우고, 학문적 깊이를 갖춘 교육 체계를 마련해야 한다.

상담 시 불안감을 조성하거나 운명을 확정 짓는 언행을 지양하고, 내담자가 스스로 삶의 주체임을 인식하고 긍정적인 변화를 이끌어 낼 수 있도록 돕는 조력자 역할에 충실해야 한다.

따라서 명리학을 단순한 암기나 기술이 아닌, 동양철학, 역사, 심리학적 관점이 통합된 인문학적 통찰을 제공하는 학문으로 가르치고 연구해야 한다.

명리학은 수천 년간 동양인의 삶과 정신을 지탱해 온 인간과 자연의 관계에 대한 깊은 성찰이다. 이를 현대 사회에 올바르게 접목하기 위해서는 예측보다 이해에 중점을 두고, 과학적 합리성을 바탕으로 삶의 지혜를 제공하는 인문학적 코칭 도구로 포지셔닝해야 한다.

명리학의 왜곡된 시각은 결국 본질을 회복하고, 전문가들이 윤리적 책임을 다할 때 비로소 해소될 수 있으며, 나아가 안전과 같은 국가의 중대한 사안에 대해서도 왜곡된 시각 없이 활용할 수 있는 계기가 되어야 할 것이다.

07

명리학의 개념 속
안전 시그널

○ ● ○

약 20년간 명리학을 직간접적으로 학습해 오며, 가르치면서도 아직도 지식에는 허전함을 느낀다. 그만큼 명리학이 깊다는 것을 방증한다.

중요한 것은 명리학을 통해 각각 사람의 근본을 상당히 그리고 정확히 알 수 있다는 점이다. 요즘은 MMPI, MBTI, 애니어그램 등 수많은 서양식 분석 도구가 나와 쉽게 성향 파악을 할 수 있게 하고 있다. 하지만 명리학은 인간의 깊이 내재하는 성품은 물론 운과 5행의 흐름에 의해 변화하는 사람의 상태를 분석할 수 있다.

우리는 흔히 무지개의 색을 7가지로 정의한다. 하지만 색은 상상할 수 없을 만큼 다양하다. 예전 직장 여성 후배가 "하늘 아래 같은 색은 없어요"라고 했던 말을 한동안 깊이 되새겨본 기억이 있다.

그렇다 사람을 몇 가지 유형으로만 분류한다고 하면 사람을 너무도 단순하게 판단하는 것으로 해석된다. 사람은 무지개색 이상의 복잡하고 오묘한 존재임은 굳이 설명 안 해도 공감할 것이다.

나는 명리학의 심묘막측(深妙幕測)한 이론을 여기서 다룰 생각은 조금도 없으며 그런 능력도 없다. 그리고 명리학을 통해 자신의 일반적인 운명을 알고 싶다면, 전문적으로 운명을 분석하시는 역술가에게 물어보는 것이 더 효과적일 것이다.

나의 관점은 안전과의 연결고리다. 안전재해의 원인의 대부분이 인재 즉 사람에 의한 것이라면 사람의 근본과 변화를 읽을 줄 알아야 한다.

놀랍게도 그런 생각을 하고 새로운 시각에서 명리분

석 메커니즘을 연구해 보니 명리의 기초적인 지식과 개념만 파악하고 있어도 자신과 타인의 안전관리를 위해 상당한 통찰력을 얻을 수 있다는 확신이 생겼다.

요즘은 안전을 위해서라면 물불가릴 필요가 없는 분위기라고 생각한다. 온갖 수단과 방법을 동원해서라도 소중한 생명을 지키고 재해로 인해 무너지는 회사와 조직을 살려야 한다는 생각을 하게 되었다.

이제 남들이 "카더라"라고 하는 지식에서 벗어나 감히 "자연속에 심어진 창조의 코드"라 자부하는 명리학 속 안전 메세지를 읽고 새로운 관점의 안전관리가 이뤄지길 바랄 뿐이다.

명리학의 음양오행이 창조 속에 감춰진 세상의 비밀이라는 주장은 단순히 동양 철학의 신비로운 개념을 넘어, 우주와 자연, 인간을 관통하는 보편적인 작동 원리를 담고 있다는 깊은 통찰을 담고 있다.

이는 음양오행이 단순한 미신이나 점술의 도구가 아니라, 만물의 생성과 변화를 설명하는 고대 과학이자 철학으로써 현대 과학으로는 아직 설명되지 않는 자연의 비밀을 해독하는 코드로 이용할 수 있다는 것을 의미한다.

이제부터는 명리학의 가장 핵심적인 이론에 대한 이해를 돕고, 초보자도 쉽게 파악하는 방법, 그리고 각각의 이론에 담겨 있는 안전의 메시지를 설명하고자 한다.

요즘은 사주를 볼 수 있는 어플이 많아 쉽게 활용할 수 있다. 실제로 생년월일 및 태어난 시간이 정확할수록 명확한 사주가 생성된다. 과거처럼 두꺼운 만세력을 뒤지지 않아도 사주 해석이 가능하게 되었다는 것이다. 이제부터 사주에서 나타난 여러 가지 정보의 의미를 알아보도록 한다.

세상을 구성하는 음양오행

음양 균형은 명리학을 포함한 동양 철학의 핵심 원리

로, 우주 만물의 모든 현상이 서로 상반되는 두 기운인 음(陰)과 양(陽)의 조화와 균형을 통해 안정과 평화를 유지한다는 개념이다.

이 원리는 한쪽으로 기우는 극단적인 상태가 아닌, 두 기운이 서로를 보완하고 순환하는 상태가 가장 이상적이라고 본다. 이는 인간의 삶과 안전 문제에도 그대로 적용될 수 있다.

음양 균형은 단순히 50 대 50의 정적인 균형을 의미하는 것이 아니라, 음이 극에 달하면 양이 생기고, 양이 극에 달하면 음이 생겨나는 끊임없는 동적인 순환을 의미한다.

음(陰)의 속성: 수동적, 부드러움, 어두움, 차가움, 내면, 밤 등을 상징한다.

양(陽)의 속성: 능동적, 강함, 밝음, 뜨거움, 외부, 낮 등을 상징한다.

사주팔자에서 음양 균형은 일간(나 자신)을 비롯한 여덟 글자의 오행(木, 火, 土, 金, 水)이 서로 치우치지 않고 적절한 비율로 존재함을 의미한다. 특정 오행이 너무 강하거나(태과) 너무 약하면(불급) 음양의 균형이 깨져 문제가 발생할 수 있다

음양 분포를 알기 위해서는 천간 10개와 지지 12개 한자가 각각 어떤 극을 가지고 있는지 알아야 한다.

木		火		土		金		水	
+	-	+	-	+	-	+	-	+	-
甲	乙	丙	丁	戊	己	庚	申	壬	癸
寅	卯	巳	午	辰	未	申	酉	亥	子
				戌	丑				

처음 위의 도표를 접하는 분들은 다소 헷갈릴 수 있다. 우선 천간의 양은 갑병무경임이고 음은 을정기신계다.

다음은 지지다. 양은 인신사해진술, 음은 자오묘유축

미 특히, 지지를 이렇게 외우는 것은 향후 명리학에서 자주 언급하는 순서이기 때문에 기억해 두면 편하다. 특히 십성을 바로 파악할 경우 음양은 매우 중요하다.

예를 들어보자.

시	일	월	년
辛(-)	甲(+)	丙(+)	己(-)
子(-)	午(-)	卯(-)	酉(-)

위의 팔자는 양: 2, 음: 6의 구조로 음의 속성이 매우 강한 사주라고 볼 수 있다. 다만, 직관적으로는 음과 양 배치가 불균형을 이루는 사주라고 볼 수 있지만, 대운에서 서로 상충하거나 합 등이 이뤄져 새로운 변화도 충분히 기대할 수 있다. 하지만 근본은 음의 성향이 강한 사람으로 볼 수 있다.

안전 인사이트

양(陽)의 과도함: 지나치게 양의 기운이 강한 사람은 충동적이고 공격적인 성향을 보일 수 있다. 이러한 성향은 과속, 무모한 행동, 불필요한 경쟁을 유발하여 사고로 이어질 수 있다.

이러한 직원에게는 명상, 요가 등 음적인 활동을 통해 흥분을 가라앉히고 내면의 안정을 찾을 수 있도록 유도해야 해야 한다. 스트레스가 많은 업무보다는 차분하고 반복적인 업무를 배정하는 것이 좋다.

음(陰)의 과도함: 지나치게 음의 기운이 강한 사람은 소극적이고 우유부단한 성향을 보일 수 있다. 이는 위기 상황에서 신속한 판단을 내리지 못하고 우왕좌왕하다가 사고를 당할 위험을 높인다.

신체적 활동(양)이 지나치게 많고, 휴식(음)이 부족하면 피로가 누적되어 집중력이 떨어지고 사고가 발생할 가능성이 높아진다

작업자와 적절한 휴식 시간을 보장하고, 교대 근무 시스템을

효율적으로 운영하여 육체적 피로도를 관리해야 한다.

소음, 진동, 고열 등 양적인 에너지가 과도한 작업 환경(양)은 작업자의 스트레스와 피로도를 높인다. 반면, 폐쇄적이고 음침한(음) 환경은 우울감과 무기력함을 유발하여 사고를 초래할 수 있다.

적절한 조명과 환기 시스템을 구축하여 작업 환경의 음양 균형을 맞춰야 한다. 또한, 개방적인 소통 공간을 마련하여 직원들이 심리적으로 안정감을 느낄 수 있도록 도와야 한다.

운명의 코드 사주(四柱)

사주를 열어보면 연월일시에 각각 8개의 한자가 보인다. 천간 4글자, 지지 4글자다. 각각의 글자는 알기 쉽게 목, 화, 토, 금, 수 5행이 차지하게 된다. 요즘은 색으로 구분하여 표시해 주기 때문에 한눈에 파악하기가 용이하다.

이때 본인을 상징하는 것은 바로 일주 중 일간(日干)이다. 우선 일간이 목, 화, 토, 금, 수 중 어느 행인지를 파악해야 한다. 물론 이런 본질도 다양한 원인에 의해 변형될 수 있으니 일단 태생이 중요하다.

첫 번째, 일간의 5행 의미는 다음과 같이 성명할 수 있다. 사주의 본인이다. 그만큼 태어난 날이 중요하다. 월지(부모님의 기질과 환경)는 사람의 근본이다. 즉 어떤 5행이 매칭되었는가에 따라 본질이 결정된다.

갑목(甲木) 일간: 활발한 거목과 같은 사람, 진취도전

을목(乙木) 일간: 작은 나무, 꾸준한 성장과 개선

병화(丙火) 일간: 태양과 같은 밝은 에너지, 성과 중심

정화(丁火) 일간: 촛불과 같지만 끈기와 내성이 강함

무토(戊土) 일간: 척박한 환경을 일궈내는 개척자적 우직함

기토(己土) 일간: 만들어진 토양에 건축하고 완성함

경금(庚金) 일간: 원석을 녹여 쇳물을 만들어 내는 강인함

신금(辛金) 일간: 예리한 칼날이 빛남, 화려함, 예리함

임수(壬水) 일간: 드넓은 바다와 같음, 웅대함, 포용심 큼

계수(癸水) 일간: 졸졸 흐르는 시냇물 같은 조용함

두 번째, 월지(月支)이다. 월지는 어머니와 같은 존재이고 35% 정도 본인 사주에 영향을 미친다고 볼 수 있다. 특히 월지는 계절에 따른 기본 성향을 의미하기도 한다.

일간은 본래의 모습을 의미한다면 월지는 핵심 환경이다. 예를 들어 월지가 병화(丙火)이고 일지(본인)가 갑목일 경우 주변이 활활 타오르는 불같은 분위기에서 성장

하는 목이므로 매우 열정적인 사람이 되나 에너지는 많이 소실될 수 있는 사주다.

세 번째는 월간(月干)이다. 이는 아버지와 같은 존재인데 약 25%의 영향력을 가진다. 이는 외부로 보여지는 모습이다. 본질과 같을 수도 있지만 다른 모습으로 나타날 수 있다.

우리 주변에는 종종 호탕한 사람을 볼 수 있으나 사주의 내면은 지극히 조용하고 세심한 사람이 있다. 이런 모습은 사회적으로 길들여진 모습일 뿐이다. 겉모습이 그렇다 해서 현장을 뛰어다니는 일을 오랫동안 맡기게 되면 에너지 소실로 재해의 가능성이 높아진다.

네 번째는 시지(時支)이다. 이는 결국 나의 본모습이 흘러가는 것을 의미한다. 따라서 사주를 펼치고 앞서 언급한 바를 해석해 보면 원래 자신의 모습과 사회적으로 보여주는 모습, 그리고 지향하는 모습을 개념적으로 알 수 있다.

사람은 외면으로는 절대 알 수 없다. 워낙 사회적 가면

(페르소나) 문화가 깊게 침착되어 있어 구분하기 어렵다.

원국에 미치는 영향을 도식화하면 다음과 같다.

시	일	월	년
10%	본인	20%	5%
10%	15%	35%	5%

사주가 부모의 영향이 50% 이상이니 부모 영향이 운명의 절반을 차지한다는 것은 다시 한번 봐야 할 대목이 아닐 수 없다. 이는 사람의 운명은 유전적인 부분이 차지하는 비율이 높다는 것을 방증한다.

안전 인사이트

    명리학에서 월지(月支)와 안전(安全)의 연결고리는 월지가 결정하는 개인의 성격, 심리적 기질, 직업적 환경, 그리고 신체적인 건강 취약점을 통해 간접적으로 형성된다. 월지는 사주팔자(四柱八字)에서 가장 중요한 글자로, 개인의 '타고난 환경'과 '가장 강한 기운'을 나타내기 때문이다.

    월지는 그 사람이 태어난 계절의 기운을 담고 있어, 선천적인 성격과 기질에 가장 큰 영향을 미친다. 이 기질은 개인이 위험을 감지하고 대처하는 방식, 즉 심리적 안전에 영향을 준다.

    월지가 강한 겁재(劫財)나 상관(傷官) 등의 기운을 띠면 성격이 강하고 충동적으로 변하기 쉬워, 위험을 무릅쓰는 행동(예: 과속, 무모한 투자)을 하거나 대인관계에서 갈등을 일으켜 사회적 안전을 해칠 수 있다. 반면, 인성(印星)이나 정관(正官)이 강하면 조심성이 높아 재난이나 사고에 대비하는 경향이 강해 질 수 있다.

월지의 기운이 일간(日干, '나')을 돕는 비겁(比劫)이거나, 너무 강한 기운으로 편중되면 심리적 불균형을 초래해 스트레스에 취약해지고, 이는 우울증이나 불안 등 정신 건강의 안전 문제로 이어질 수 있다.

월지는 개인이 어떤 분야에서 활동할 가능성이 높은지(적성)를 보여주며, 이는 곧 물리적 환경의 안전성과 연결된다.

월지의 기운이 역마(驛馬)나 활동성이 강한 기운(예: 편관(偏官))을 띠면 직업 활동 자체가 역동적이거나 변화가 많아 잦은 이동이나 위험한 환경에 노출될 가능성이 높아진다. (예: 운송업, 군경, 건설 현장 등)

월지가 재성(財星)이나 식신(食神) 등 안정 지향적인 기운을 띠면, 상대적으로 사무직이나 안정된 환경의 직업을 선택할 가능성이 높아 일상생활의 안전이 보장될 확률이 높다.

월지는 오행 중 가장 강한 기운을 나타내기 때문에, 오행의 불균형을 심화시켜 특정 장부의 기능을 약화시키는 원인이 될 수 있다. 이는 곧 신체적인 건강 안전과 직결된다.

월지의 기운이 지나치게 강하거나 약하여 사주 전체의 오행(木, 火, 土, 金, 水) 균형이 깨지면, 그에 해당하는 신체 부위나 장부에 질병이 발생하기 쉽다. 예를 들어, 수(水) 기운이 지나치게 강한 월지는 신장, 방광 등 비뇨기계 건강에 취약점을 만들 수 있다.

명리학적으로 자신의 월지를 파악하면, 어떤 건강 문제에 취약한지 미리 알고 생활 습관이나 음식 섭취 등을 조정하여 질병을 예방하고 건강을 안전하게 관리하는 데 도움을 받을 수 있다.

사주의 밸런스

사주를 열어 보면 5행이 고루 있는 사람이 있는 반면 몇 가지가 빠져있는 경우도 허다하다. 5행은 우리의 장기와도 모두 매칭이 된다. 쉽게 생각해서 장기중 어느 하나가 없거나 과하게 활성화되어 있다면 정상적인 컨디션 유지가 어려울 수 있다.

어느 오행으로 치우친 편중 사주가 나쁘다 좋다는 것은 아니다. 명리학의 기본 원리 중 하나는 균형이다. 균형이 깨지면 반드시 문제가 발생할 여지가 있다. 따라서 편중 사주에 부족한 기운은 다양한 방법으로 보완하는 것이 좋다. 그래야 건강한 정신과 육체로 하는 일에 도움이 될 것이다.

자연의 모든 물질은 고유의 진동수를 가지고 있다. 바로 그것이다. 자연은 충분히 부족한 기운을 보충할 수 있도록 예비되어 있다. 만약 금의 오행이 부족하다면 금속재료의 시계나 목걸이 등을 활용하는 것도 유익하다.

실제로 물질의 파동에너지는 우리 몸의 기운을 상승시킨다는 연구 결과도 있다. 이외 물(수), 목(나무), 화(불), 토(흙) 등 얼마든지 필요한 오행을 구하고 보충할 수 있다.

시	일	월	년
甲	戊	辛	辛
申	午	酉	申

무오일주의 사람이다. 그런데 사주팔자에 금오행이 무려 5개나 차지한다. 특히 월주과 년주에서 금이 간여지동(천간지지 동시 존재)하여 매우 강한 금의 기운이 형성된다.

이런 사람은 맺고, 자르고, 예리하고 분별하는 업무를 할 때 본인의 업도 효율이 오른다. 현재 수의 기운이 부족하므로 금생수(金生水)로 에너지를 쓸 수도 없으므로 더더욱 금의 기질이 강해진다.

사주는 5행이 고루 있는 경우를 균형, 편중형 사주로

표현하면 기분 나쁠 것 같지만 장단점이 있을 뿐이다. 여러분들은 선택과 집중이라는 개념을 생각해 보면 쉽게 의도를 알 것이다. 혹은 모 아니면 도, 즉 사회적으로 메스컴의 주목을 받는 이의 대부분은 이런 편중 사주의 주인공들이다.

물론 균형 사주에도 다양한 변화(대운,세운, 형충파해, 합) 등으로 일시 편중이 되는 경우도 있다.

요약하면 오행이 골고루 있는 균형 사주는 근본이 무난한 성향이다. 그리고 편중 사주는 전문가 포스가 있지만 어떤(오행) 부분이 없어 문제가 될 수 도 있다는 것이다. 그런데 세상에서 무엇인가 두각을 나타내기 위해서는 오히려 편중된 사주가 유리한 경우가 많다. 즉 전문가, 오탁구 집단에서는 좀처럼 균형된 사주가 드물다는 통계도 있다.

안전 인사이트

편중은 오행에 어떤 부분이 없을 경우로 봐야 한다.

목이 없다면: 실행력, 의지력 부족

화가 없다면: 성과를 내는 부분 약함

토가 없다면: 주변 상황에 쉽게 매몰

금이 없다면: 맺고 끊는 성향 부족

수가 없다면: 깊은 배려, 생각 부족

동시에 없다면 그만큼 해당 오행의 특징이 없을 수 있다는 것이다. 그런데 묘한 것은 사람은 자신의 결핍을 본능적으로 느낀다는 것이다. 그래서 그것을 위해 페르소나(가면)를 쓰거나 보충하는 노력을 하기 때문에 명리학적 접근 없이는 좀처럼 근본을 알 수 없다.

사람은 부족한 부분을 채우려는 후천적 코드가 자연히 형성된다. 남녀가 만나는 것도 마찬가지다. 외모를 떠나 뭔가 모르는 끌림 바로 그것이 5행의 부족분을 채우려는 자연적 현상이다. 이는 마치 원자의 외각전자가 안정된 상태로 가기 위해 공유결합하는 것 같은 현상과 흡사하다.

만약 자신과 동료 직원의 사주에서 유독 일부 색상이 너무 많다면 그만큼 한 방향으로 에너지가 집중되는 사람으로 이해할 수 있다. 이는 비단 안전뿐 아니라 조직관리에도 많은 힌트를 줄 수 있다.

장단점이 있을 뿐인 신약(身弱) VS 신강(身强)

직감적으로 신약, 신강이라 함은 약한 사람, 강한 사람으로 이해될 것이다. 맞는 말이다. 그런데 무엇이 강하고, 무엇이 약한 것인가를 알아야 한다. 조직폭력배의 겉모습은 무척 강한 신강 사주로 보일 수 있으나 내면 한구석은 너무도 인간적이고 착한 심성이 공존하는 경우가 있다.

오히려 외모는 무척 선해 보이나 속에 도끼자루가 몇 개씩 들어 있는 사람이 실질적인 보스를 하는 경우도 있다.

우리는 사주를 통해서 각각 사람의 신강, 신약 상태를 파악할 수 있다. 이는 쉽게 말해 같은 본인의 타고난 기질의 색깔이라고 얼마나 뚜렷한가? 아니면 덜 뚜렷한가를 분별한다고 보면 된다.

명리학은 음양 오행론이 기초가 된다. 오행은 인간의 대표 기질이다. 즉, 나무, 불, 흙, 금속, 물이 기질을 상징한다.

명리학의 신약(身弱)과 신강(身强) 개념은 단순히 운명의 강약을 논하는 것을 넘어, 개인의 내적 에너지와 외부 환경에 대한 저항력을 심층적으로 분석하는 도구다.

이 개념은 단순히 사주팔자의 오행 구성만을 보는 것이 아니라, 그 사람이 타고난 체력, 정신력, 스트레스 저항 능력 등 전반적인 내면의 힘을 통찰하는 데 활용된다.

이러한 관점에서 신약, 신강론은 인간의 안전 문제를 이해하고 관리하는 데 있어 매우 중요한 심리학적, 실용적 의미를 가진다.

명리학에서 일간(日干)은 사주팔자의 중심, 즉 '나 자신'을 의미한다. 신약과 신강은 이 일간이 주변의 다른 일곱 글자(팔자)로부터 얼마나 많은 힘을 얻거나 잃는지를 기준으로 판단한다.

신강(身强): 일간이 주변의 오행으로부터 생조(生助)를 많이 받아 힘이 강한 상태를 의미한다. '생조'는 오행의 상생(相生) 원리로, 예를 들어 일간이 목(木)이라면 물(水)의 기운(수생목)이나 다른 나무(木)의 기운(목이 목을 돕는다)이 많을 때 신강하다고 본다.

심리적 특성: 신강한 사람은 강인한 정신력, 뛰어난 추진력, 그리고 외부 압력에 대한 높은 저항력을 가진다. 이들은 스트레스를 잘 견디고, 어려운 상황에서도 쉽게 굴하지 않는 경향이 있다.

신강신약 빠른 분석 팁

우선 대상의 태어난 연월일시를 파악하고 사주앱을 보면 일간(나)을 중심으로 배치되어 있는 나머지 7자와의 관계로 쉽게 파악된다.

이때 십성의 흐름이 기준된다. 즉 7자의 관계에서 나를 생해주는(인성) 요소와 나를 강하게 만드는 비견, 겁재의 수는 나를 강하게 하는 신강요소다. 그리고 내가 생해주는 식신, 내가 극하는 재성, 나를 극하는 관성의 수는 나를 약하게 하는 요인이다.

신강사주 예를 들어 보자.

시	일	월	년
壬(편인)	甲(본인)	乙(겁재)	癸(정인)
子(정인)	寅(비견)	巳(식신)	卯(겁재)

갑인일주의 남성이라고 보자. 이 사람은 수(3), 목(4), 화(1)의 팔자다. 이런 경우 인성인 수와 비견 겁재인 목이 무려 6개를 차지한다.

신강과 신약의 비율을 보면 6대 1이다. 전형적인 신강 사주로 볼 수 있다.

이번에는 신약 사주를 살펴보자.

시	일	월	년
癸(정인)	甲	戊(편재)	庚(편관)
辰(편재)	申(편관)	巳(식신)	戌(편재)

갑신일주의 남성이라고 해 보자. 목(1), 화(1), 토(3), 금

⑵, 수⑴의 균형 잡힌 사주다. 다만, 이 사람을 도와주는 수와 스스로를 도와주는 오행 비겁을 합쳐도 1개다. 나머지는 에너지를 모두 빼앗는 구조다. 즉 이 경우는 신강과 신약이 1:6로서 대단히 신약한 구조다.

봄날의 움트는 갑목 기력에도 불구하고 주변의 오행이 에너지를 모두 가져가는 구조로 비실비실한 나무와 같은 원국 모습이다. 다만, 이런 신강, 신약은 근본이 그렇다는 것이지 평생 그런 모습으로 살아간다는 뜻은 아니다.

"결핍은 가장 큰 동기 부여"라는 말이 있듯이 오히려 부족한 부분의 역동적인 활약 덕분에 도무지 신강, 신약이 무색할 정도로 변화된 삶을 사는 경우도 허다하다.

위의 내용을 초보자가 이해하기는 쉽지 않다. 8장의 AI를 통한 분석에서는 결론만 간단히 파악할 수 있으니 이해하기 너무 어렵다고 걱정할 필요는 없다.

안전 인사이트

후천적인 노력이 팔자의 기운을 변화시킬 만한 영향력이 부족하다면 신강한 사람은 위급 상황에서 고유의 성품 발휘가 가능하다.

목(木) 기질: 절대 낙오는 실패는 없다. 새로운 기질과 창의력으로 문제를 해결하려 한다.

화(火) 기질: 탁월한 소통능력으로 위험 시기를 해결하도록 노력한다.

토(土) 기질: 서두르지 않고 빠른 회복력을 갖도록 중심을 지킨다.

금(金) 기질: 차분하면 단호하게 현실을 직시하고 결정한다.

수(水) 기질: 더욱 차분히 상황을 예의 주시하며 전략을 세운다.

신약한 사람은 대부분 섬세하고 예민하며, 외부 환경의 변화나 압력에 취약할 수 있다. 스트레스에 대한 저항력이 낮아 쉽게 지치고, 심리적으로 불안정해지기 쉽다. 위급 상황에서 고유의 에너지도 함께 매몰되는 경우가 있어 대단히 수동적이 된다. 따라서 오히려 통제에 잘 따르고, 침착히 상황을 예의 주시하는 부분은 긍정적으로 평가될 수 있다.

명리학의 신약, 신강론은 단순히 '누가 더 강한가'를 판별하는 것을 넘어, 개인의 고유한 특성을 이해하고 안전을 위한 최적의 환경을 조성하는 데 활용될 수 있다. 이는 '안전사고 80% 이상이 인재(人災)'라는 주장을 극복하기 위한 심리학적, 인사 관리적 해법을 제공한다.

신강한 사람과 신약한 사람이 조화롭게 팀을 이루면 시너지를 낼 수 있다. 신강한 사람이 위급 상황에서 주도적으로 행동하면, 신약한 사람은 세부적인 위험 요소를 파악하고 보완하는 역할을 수행하여 팀 전체의 안전성을 높일 수 있다.

신약한 사람의 섬세함과 신강한 사람의 강인함을 모두 존중하고, 그들의 특성을 살려 최적의 위치에 배치하며, 맞춤형 지원을 제공할 때 비로소 우리는 사고 없는 안전한 작업 환경을 만들 수 있을 것이다.

명리학의 핵심 중 핵심 십성[十星]

명리학에서 십성(十星)은 일간(日干)을 중심으로 다른 간지(干支)와의 관계를 10가지 특성으로 분류한 개념이다. 이 분류는 개인의 성격, 재능, 사회적 관계, 운명 등을 파악하는 데 중요한 도구로 사용된다.

십성의 구성은 오행으로 구성된다. 여기서 오행은 목, 화, 토, 금, 수로 구성되어 있다. 토는 중심의 의미를 두지만 오행에서는 오각형의 한 부분에 포함시킨다.

우선 상생은 다음과 같은 원리에 의해 상생(도와주는 관계가 형성되는 것이다.)

목 → (生) → 화: 나무는 불의 땔감으로 사용된다.

화 → (生) → 토: 불이 난 이후 재는 다시 흙으로 포함된다.

토 → (生) → 금: 땅(원광석)에서 금속을 추출한다.

금 → (生) → 수: 물은 양동이로 뜨거나 쇠파이프로 배송할 때 비로소 직접 활용 가능하다. 혹은 철판 위에 이슬이 맺히는 형상을 비유하기도 한다.

수 → (生) → 목: 물은 나무가 자라는 데 핵심 요소다.

이런 생(生)의 구조를 보면 결국 생하는 쪽과 혜택을 받는 쪽이 생기는 것을 알 수 있다. 물론 도와주는 쪽은 에너지가 빼앗기지만 손해보는 것보다는 균형을 이루는 형태로 봐야 한다.

이번에는 극하는 관계를 본다.

목→극(剋)→토: 뾰족히 자른 나무 막대기를 땅에 꽂는 형태를 생각하라. 그래야 집 울타리에 펜스도 치는 것 아닌가? 혹은 나무는 땅으로부터 양분을 취하는 성상을 의미하기도 한다.

화 → 극(剋) → 금: 쇠붙이는 화력에 가장 취약하다.

토 → 극(剋) → 수: 물이 넘쳐날 때 흙댐을 만들어 차단하는 모습을 그려보라. 혹은 흙이 물을 탁하게 만드는 경우로 해석하기도 한다.

금 → 극(剋) → 목: 날카로운 칼이 나무를 찌르거나 베는 모습을 상상하라

수 → 극(剋) → 화: 대표적인 물과 기름 같은 관계, 즉 불은 물에 가장 취약한 특성을 보면 쉽게 이해한다.

이런 상생상극 원리는 상당히 중요한 이론이며, 오행의 기본 법칙이다.

십성은 크게 비겁(比劫), 식상(食傷), 재성(財星), 관성(官星), 인성(印星)의 5가지 기본 그룹으로 나뉘며, 각각 음양(陰陽)에 따라 10가지로 세분된다.

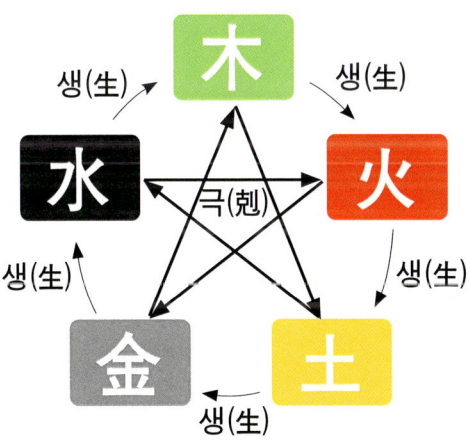

십성은 사주의 주인인 일간(日干)과 다른 글자들의 오행(五行)과 음양 관계를 통해 정해진다. 각 십성이 의미하는 바는 다음과 같다.

비겁(比劫): 일간과 같은 오행. 비견(比肩)은 음양이 같고, 겁재(劫財)는 음양이 다르다. 이는 자아, 주체성, 형제, 경쟁자 등을 의미한다.

식상(食傷): 일간이 생(生)하는 오행. 식신(食神)은 음양이 같고, 상관(傷官)은 음양이 다르다. 이는 표현력, 기술, 재능, 활동성 등을 의미한다.

재성(財星): 일간이 극(克)하는 오행. 편재(偏財)는 음양이 같고, 정재(正財)는 음양이 다르다. 이는 재물, 소유욕, 현실적인 능력 등을 의미한다.

관성(官星): 일간을 극(克)하는 오행. 편관(偏官)은 음양이 같고, 정관(正官)은 음양이 다르다. 이는 직업, 명예, 규율, 통제 등을 의미한다.

인성(印星): 일간을 생(生)하는 오행. 편인(偏印)은 음양이 같고, 정인(正印)은 음양이 다르다. 이는 학문, 지혜, 수

용성, 사고력 등을 의미한다.

10성은 오행 관계의 핵심이다. 이것만 잘 이해해도 사
주 해석의 70% 이상 가능하다.

10성은 연월일시를 입력하는 순간 자신의 원국을 중
심으로 각각 배치된다. 만약 본인이 목의 원국이라면 비
겁은 천간에는 갑, 을, 지지에는 인,묘가 있을 때다. 재
성은 천간에 무,기 / 지지에는 진, 술, 축, 미의 토 성분
의 오행이 있을 경우를 말한다.

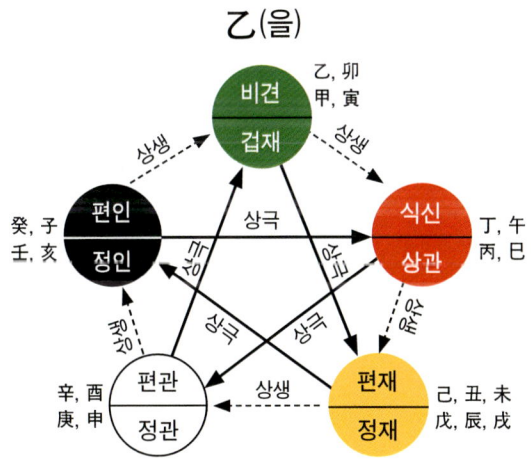

여기서 10성의 특징을 좀 더 자세히 알아본다.

비견(比肩): 나와 같은 존재(형제, 친구), 독립심, 자존심, 주체성이 강하며, 결단력이 좋다. 고집이 세거나 경쟁심이 나타날 수 있지만, 의리와 대인관계를 중시하는 면도 있다.

겁재(劫財): 재물을 위협하는 존재(경쟁자, 동업자), 투쟁심, 승부욕, 추진력이 강한 리더십이 있다. 의리를 중시하나, 때로는 과감하고 무리한 경쟁을 통해 재물을 탈취하거나 손재를 겪을 수 있다.

식신(食神): 내가 생하는 존재(표현, 먹을 복)낙천적, 온순, 여유가 있으며 식복과 예술적 재능이 있다. 꾸준함과 안정성을 추구하며, 베풀기를 좋아하고 감정 표현이 솔직하다.

상관(傷官): 벼슬을 상하게 하는 존재(언변, 재능), 총명함, 비판적, 민첩함, 뛰어난 표현력과 임기응변 능력이 있다. 자존심이 강하고 기존 권위에 저항하는 기질이 있으며, 새로운 것을 창조하는 능력이 있다.

편재(偏財): 편중된 재물(사업적 재물, 큰돈), 재물운, 쾌활함, 활동력이 좋고 통이 크며 사교적이다. 투기성이 있거나 돈을 쓰는 데 거침이 없을 수 있으며, 유연성과 융통성이 좋다.

정재(正財): 올바른 재물(직장 월급, 안정적 재물), 성실함, 현실적, 치밀함을 바탕으로 재정 관리에 철저하다. 꼼꼼하고 알뜰하며 신용을 중시한다. 소심하거나 융통성이 부족할 수 있다.

편관(偏官): 나를 극하는 편중된 힘(강한 압력, 권위), 책임감, 통솔력, 카리스마가 있는 리더 기질이 있다. 자기 희생을 감수하며 원칙을 중요시한다. 급하거나 냉정함, 고독감이 나타날 수 있다.

정관(正官): 나를 극하는 올바른 힘(질서, 명예), 정의감, 원칙, 명예, 준법정신을 중시하는 바른 인성의 소유자다. 타인을 배려하고 합리적이다. 보수적이거나 융통성이 부족할 수 있다.

편인(偏印): 나를 생하는 편중된 힘(외로운 학문, 재능), 예리한 직관력, 독특한 재능과 전문성이 있다. 생각이 많고, 때로는 의심이 많으며, 한 분야에 깊이 파고들어 전문가가 될 수 있다. 신비롭고 특이한 지식에 관심이 많다.

정인(正印): 나를 생하는 올바른 힘(순수 학문, 인덕), 학구적, 이성적, 인자함을 갖추고 있으며 인덕(어머니의 사랑)이 있다. 순수하고 전통적인 지식을 잘 습득하며, 사려 깊고 안정적이다. 독립심이 약하거나 타인 의존적인 면이 나타날 수 있다.

예를 들어 보자.

시	일	월	년
癸 (정인)	甲	戊 (편재)	庚 (편관)
辰 (편재)	申 (편관)	巳 (상관)	戊 (편재)

위의 사주는 관성 1, 재성 3, 인성 1의 사주로서 재성이 강한 사주로 볼 수 있다.

참고로, 십성과 유사하지만 다소 차이가 있는 관점이 바로 격국(格局)이라는 개념이 있다.

격국은 사주팔자에서 일간(日干)을 중심으로 월지(月支)와의 관계를 통해 형성되는 개인의 사회적 틀 또는 역할을 의미한다. 격국은 크게 재격(財格), 관격(官格), 식신격(食神格) 등 10가지로 분류되며, 이는 그 사람이 어떤 분야에서 두각을 나타낼 수 있는지, 어떤 사회적 역할에 적합한지를 보여주는 일종의 '직업 DNA'와 같다.

실제로 격국은 원초적 성향이므로 어떤 5행의 어떤 특정 10성이 강하다는 것보다 더 강하게 작용할 수 있다.

안전 인사이트

비겁이 강한 사람은 독립적이고 주체성이 강하다. 장점으로는 어려운 상황에서도 스스로를 지키는 힘이 있다. 다만, 과도한 경쟁이나 과도한 자존심으로 인해 무모한 행동을 할 수 있다. 예를 들어, 남보다 앞서기 위해 안전 수칙을 무시하거나, 위험한 도전을 할 가능성도 있다. 따라서 이러한 사람은 공동의 안전규칙을 준수하는 습관을 들이고, 경쟁적인 상황에서 감정을 조절하는 훈련이 필요하다.

식상이 강한 사람은 표현력이 좋고 활동적이다.장점으로는 위기 상황에서 기지를 발휘하거나, 창의적인 해결책을 찾을 수 있다. 하지만, 즉흥적이고 충동적인 성향 때문에 사고의 위험이 높을 수 있다. 예를 들어, 운전 중 급가속을 하거나, 충분한 준비 없이 위험한 활동에 뛰어들 수 있다. 이들에게는 매뉴얼 준수와 사전 계획의 중요성을 강조하고, 행동하기 전에 한 번 더 생각하는 습관을 길러주는 것이 중요하다.

재성이 강한 사람은 현실적이고 실리적인 성향이 있다. 장점은 물질적 이득이나 손해에 민감하여 재난이나 사고에 대한 대비를 철저히 한다.

단, 돈이나 재물에 대한 집착이 강하여 금전적 손실을 막으려다 더 큰 위험에 노출될 수 있다. 예를 들어, 고장 난 장비를 수리하지 않고 사용하거나, 안전 장비를 구매하는 것을 아낄 수 있다. 이들에게는 장기적인 손실을 막기 위한 투자로서 안전의 가치를 인식시키는 것이 효과적이다.

관성이 강한 사람은 규칙을 잘 지키고 책임감이 강하다. 이는 안전 규범을 잘 준수하고, 책임감 있게 안전 관리에 임한다.

하지만 지나친 책임감이나 압박감으로 인해 스트레스를 받거나, 남을 지나치게 통제하려다 마찰을 겪을 수 있다. 때로는 융통성이 부족하여 예기치 않은 상황에 유연하게 대처하지 못할 수도 있다. 이들에게는 자신과 타인의 심리적 안정을 고려하는 안전 교육이 필요하다.

인성이 강한 사람은 사려 깊고 신중하다.

따라서 지식 습득 능력이 뛰어나고, 사고 예방에 필요한 이론적 지식을 잘 이해한다.

그러나 과도한 사색이나 우유부단함 때문에 결정적인 순간에 신속하게 대처하지 못할 수 있다. 예를 들어, 위험 상황에서 머뭇

거리다 골든 타임을 놓칠 수 있다. 이들에게는 직관적인 판단력과 위험 감지 능력을 키우는 훈련이 중요하다.

결론적으로, 십성은 각 개인의 성향적 특징을 보여주는 지표로서, 이를 통해 우리는 각자의 강점과 약점을 파악하고 그에 맞는 맞춤형 안전관리 전략을 수립할 수 있다. 즉, 나 자신을 이해하는 것이 곧 안전을 지키는 첫걸음이 될 수 있다는 것이다.

부족함을 도와주는 용신(用神)

용신(用神)은 사주팔자의 균형을 맞춰주는 핵심적인 오행(五行)을 의미한다. 사주에 특정 오행이 너무 강하거나 약하여 불균형이 생길 때, 이를 조절하여 균형을 잡아주는 오행이 바로 용신이다.

용신은 사주팔자가 가장 필요로 하는 에너지로, 용신이 들어오는 운(運)에는 일이 잘 풀리고, 용신이 손상되는 운에는 어려움이 따를 수 있다고 볼 수 있다.

쉽게 말해, 격국은 개인이 타고난 잠재력이고, 용신은 그 잠재력을 현실에서 성공적으로 발휘하기 위해 가장 필요한 에너지다. 이 두 개념을 결합하면, 그 사람이 어떤 분야에서 가장 큰 힘을 발휘할 수 있고, 어떤 환경에서 가장 안정적으로 성장할 수 있는지를 파악할 수 있다.

참고로 용신의 종류와 특징은 다음과 같다.

1. 억부용신(抑扶用神)

개념: 일간(日干, 나 자신)의 강약(强弱)을 기준으로, 강한 것은 억제하고(抑), 약한 것은 돕는(扶) 방식으로 균형을 맞추는 용신이다.

특징: 신강(身强, 일간이 강한 경우)은 일간의 기운을 설기(洩氣)하거나 극제(剋制)하는 오행(식상, 관살, 재성)을 용신으로 삼아 강한 기운을 덜어낸다.

신약(身弱, 일간이 약한 경우)인 경우 일간을 생(生)하거나 부조(扶助)하는 오행(인성, 비겁)을 용신으로 삼아 약한 기운을 북돋아 준다. 즉, 과한 것은 줄이고 부족한 것은 채워주는 인체의 균형추 역할과 같다.

2. 조후용신(調候用神)

개념: 사주가 태어난 계절(월지)의 기운에 의해 너무 춥거나(寒), 너무 더울 때(熱) 온도를 조절하여(調候) 중화를 이루는 용신이다.

특징: 한랭(寒冷)한 사주(겨울 등)는 따뜻한 화(火)나 목

(木) 오행을 용신으로 삼아 기운을 따뜻하게 한다. 조열(燥熱)한 사주(여름 등)는 시원한 수(水)나 금(金) 오행을 용신으로 삼아 기운을 식혀준다.

즉, 생명이 자랄 수 있도록 적절한 온도와 습도를 맞춰주는 기후 조절기와 같다.

3. 통관용신(通關用神)

개념: 사주 내에서 서로 대립하거나 충돌하는 두 오행 사이에 중재 역할을 하는 오행을 용신으로 삼아 기운의 흐름을 소통(通)시키는 방식이다.

특징: 서로 극(剋)하는 두 오행(예: 수(水)와 화(火)) 사이에 생(生)을 연결해주는 오행(이 경우 목(木): 水生木, 木生火)을 용신으로 쓴다.

사주 내 기운이 막혀 있거나 팽팽하게 대립할 때 화합과 유통을 돕는다. 결국 두 세력 간의 갈등을 해소하고 연결해 주는 중재자와 같다.

용신은 사주가 치우쳐 균형이 무너져 발생하는 문제

점을 치유하는 행위와 같다. 사주가 치우치게 되면 결국 건강에도 악영향을 미치게 되므로 결코 간과해서는 안 될 것이다.

안전 인사이트

　용신은 개인에게 필요한 에너지를 나타내므로, 용신이 약해지는 시기를 예측하여 심리적, 신체적 취약성을 미리 대비할 수 있다.

　용신이 약해지는 시기(용신이 극을 받거나 소진되는 시기)는 명리학적으로 용신이 손상되는 운이 오면, 개인은 심리적 불안정, 집중력 저하, 신체적 피로를 느끼기 쉽다. 특히, 이러한 시기에는 사고 발생률이 높아질 수 있다.

　용신이 약해지는 시기에 있는 직원에게는 스트레스 관리 프로그램이나 상담 지원을 강화하여 심리적 불안정으로 인한 실수를 예방할 수 있다.

　중요한 프로젝트나 위험도가 높은 작업에서 잠시 제외시키거나, 휴가, 휴식 시간을 권장하여 신체적, 정신적 피로를 회복할 수 있는 기회를 제공해야 한다.

　이 시기에는 평소보다 더 세심한 보호가 필요하므로, 개인 보호 장비의 지급과 사용 여부를 이중으로 점검하고, 주변 동료가 주의 깊게 관찰하도록 하는 안전 협업 시스템을 구축할 수 있다.

격국과 용신 이론은 단순히 개인의 운명을 읽는 것을 넘어, 인간의 고유한 특성과 내적 에너지를 파악하는 강력한 도구다.

숨어 있는 비밀창고 지장간(地藏干)

명리학에서 지장간(地藏干)은 지지(地支) 속에 숨겨진 천간(天干)의 기운을 의미한다. 지장간은 겉으로 드러나지 않는 잠재적이고 내재적인 힘으로, 마치 땅속에 숨겨진 보물이나 씨앗과 같다.

이 개념은 단순히 겉으로 보이는 사주팔자의 여덟 글자만으로는 파악할 수 없는 개인의 복합적인 성향, 숨겨진 재능, 그리고 내면의 비밀을 이해하는 데 결정적인 역할을 한다.

지장간은 모든 지지(地支, 12개의 동물)가 고유하게 지니고 있는 천간(天干, 갑을병정…)의 기운이다. 각 지지는 계절의 변화에 따라 세 가지 기운을 품고 있으며, 이들을 여기(餘氣), 중기(中氣), 정기(正氣)라고 부른다.

여기(餘氣): 이전 계절에서 넘어온 남은 기운이다.

중기(中氣): 해당 지지가 다음 계절로 넘어가기 전에 잠시 거쳐 가는 중간 기운이다.

정기(正氣): 해당 지지의 본래 기운으로, 가장 강하고 순수한 기운이다.

예를 들어, 봄의 첫 달인 寅(인)의 지장간은 다음과 같다.

무(戊): 이전 계절인 겨울(축토)에서 넘어온 여기(餘氣)

병(丙): 봄의 중간 기운인 중기(中氣)

갑(甲): 인목(寅木)의 본래 기운인 정기(正氣)

이처럼 지장간은 겉으로는 寅(호랑이)이라는 하나의 글자로 보이지만, 그 안에는 무(戊), 병(丙), 갑(甲)이라는 세 가지의 복합적인 기운이 숨겨져 있음을 보여준다.

지지	정기	중기	여기	해당 월	계절
자(子)	계(癸)	-	임(壬)	12월	겨울
축(丑)	기(己)	신(辛)	계(癸)	1월	
인(寅)	갑(甲)	병(丙)	무(戊)	2월	봄
묘(卯)	을(乙)	-	갑(甲)	3월	
진(辰)	무(戊)	계(癸)	을(乙)	4월	
사(巳)	병(丙)	경(庚)	무(戊)	5월	여름
오(午)	정(丁)	기(己)	병(丙)	6월	
미(未)	기(己)	을(乙)	정(丁)	7월	
신(申)	경(庚)	임(壬)	무(戊)	8월	가을
유(酉)	신(辛)	정(丁)	경(庚)	9월	
술(戌)	무(戊)	갑(甲)	신(辛)	10월	
해(亥)	임(壬)	-	무(戊)	11월	겨울

지장간은 겉으로 드러나는 천간보다 그 사람의 내면과 잠재력을 더 깊이 통찰하게 해준다.

겉으로 보이는 사주팔자(천간)가 그 사람의 사회적 페르소나라면, 지장간은 진정한 내면을 나타낸다. 예를 들어, 겉으로는 차분하고 안정적인 사람처럼 보여도, 지장 간에 강한 불(火)의 기운이 있다면 내면에는 뜨거운 열정과 충동적인 성향이 숨어 있을 수 있다.

안전 인사이트

지장간에 숨어 있던 기운이 운(運)에 따라 밖으로 드러날 때, 예상치 못한 변화나 사건이 발생할 수 있다. 예를 들어, 평소에는 드러나지 않던 지장간 속 '충(沖)'이나 '형(刑)'의 기운이 운에서 활성화되면, 갑작스러운 갈등이나 사고를 겪을 수 있다.

반대로, 숨겨진 재능이 발현되어 큰 기회를 얻을 수도 있다.

지장간은 겉으로 드러나지 않는 잠재적인 위험 요인을 파악하고 관리하는 데 매우 중요한 도구가 된다. 이는 '겉으로 보이는 안전'을 넘어 '내면의 안전'을 관리하는 새로운 패러다임을 제시한다

지장간을 분석하여 개인의 숨겨진 스트레스 취약성, 감정 기복, 돌발 행동 가능성 등을 미리 파악할 수 있다. 예를 들어, 지장간에 충(沖)이나 형(刑)의 기운이 많다면, 평소에는 잘 드러나지 않던 충돌 성향이 위급 상황에서 표출될 수 있다.

지장간은 명리학이 인간의 내면을 얼마나 깊이 이해하고자 했

는지 보여주는 상징적인 개념입니다. 이는 겉으로 보이는 사주팔자만으로는 설명되지 않는 인간의 복잡성과 잠재력을 파악하는 열쇠가 된다.

지장간을 안전 관리에 활용한다는 것은 눈에 보이지 않는 잠재적 위험에 대비하고, 개인의 숨겨진 능력을 발굴하여 더욱 안전하고 지혜로운 사회를 만들어가는 것을 의미한다.

사주의 쿠데타 형(刑), 충(沖), 합(合), 해(害)

　명리학에서 형(刑), 충(沖), 합(合), 해(害)는 지지(地支) 간의 상호작용을 나타내는 핵심적인 개념으로, 단순히 길흉을 예측하는 것을 넘어 에너지의 충돌, 변화, 결합을 설명하는 동적(動的)인 원리다. 이 네 가지 개념은 인간의 심리적 상태와 외부 환경의 변화를 예측하고, 이를 통해 안전 문제를 해결하는 데 중요한 통찰을 제공할 수 있다.

　형(刑): '형벌(刑罰)'을 의미하며, 지지 간의 불화(不和)와 갈등, 충돌을 나타낸다. 이는 삼형살(三刑殺)이라 불리는 자묘형(子卯刑), 축술미형(丑戌未刑), 인신사형(寅申巳刑)을 포함하며, 자기형(自刑: 진진, 오오, 유유, 해해)도 있다. 형은 단순한 대립을 넘어, 내부적인 마찰과 상호 간의 손상을 의미한다. 이는 사고나 갈등, 질병 등의 형태로 나타날 수 있다.

충(沖): 충돌(衝突)을 의미하며, 지지 간의 정면 대립을 나타낸다. 자오충, 묘유충 등. 충은 강한 충격으로 인해 기존의 균형이 깨지고, 새로운 변화가 급격하게 발생하는 것을 의미한다. 이는 예상치 못한 사고, 갑작스러운 이동, 관계의 단절 등으로 나타날 수 있다. 충은 파괴적인 힘을 가지기도 하지만, 정체된 상황을 깨고 새로운 돌파구를 만드는 긍정적 역할도 한다.

합(合): '합치다'를 의미하며, 지지 간의 화합과 결합을 나타낸다. (자축합, 인해합, 삼합 등). 합은 서로 다른 기운이 만나 새로운 에너지를 만들어내는 것을 의미한다. 이는 협력, 계약, 결혼 등 긍정적이고 안정적인 결과를 가져올 가능성이 높다. 합은 기존의 불안정성을 해소하고, 안정적인 관계를 형성하는 데 기여한다.

해(害): 해(害)는 두 개의 지지(地支)가 서로 충돌하여 해로운 영향을 미치는 관계를 뜻한다. 해의 글자를 보면

'해칠 해(害)'를 쓰는데, 이는 서로의 힘을 약화시키거나 손상시키는 작용을 의미한다. 충(沖)이 격렬한 충돌이라면, 해(害)는 은밀하고 소리 없이 해를 끼치는 것에 가깝다. 마치 옆에서 몰래 훼방을 놓거나, 내부에서 갈등을 일으켜 손실을 유발하는 것과 비슷하다.

해 관계는 총 6가지가 있는데, 이를 육해(六害)라고 한다.
자(子)와 미(未), 축(丑)과 오(午), 인(寅)과 사(巳), 묘(卯)와 진(辰), 신(申)과 해(亥), 유(酉)와 술(戌)이다.

안전 인사이트

형, 충, 합, 해의 개념을 안전에 활용한다는 것은, 단순히 물리적인 위험 요인을 제거하는 것을 넘어 인간 관계, 심리적 상태, 그리고 운의 흐름을 고려한 통합적 안전 관리 시스템을 구축하는 것을 의미한다.

명리학적으로 충이 발생하는 시기(일진, 월운, 세운)는 예상치 못한 사고나 급격한 변화가 일어날 가능성이 높은 때다. 예를 들어, 특정 직원의 사주에 있는 지지와 그날의 일진이 충을 이룰 경우, 그날은 평소보다 더 주의가 필요하다고 판단할 수 있다.

충이 발생하는 시기에 해당하는 직원에게는 사전 안전 교육을 강화하고, 작업 전후로 심리적 안정상태를 체크해야 한다. 또한, 이 시기에는 고소 작업, 중장비 운전 등 고위험 작업에서 잠시 제외시키거나, 숙련된 동료와 함께 작업하도록 배치하는 것이 좋다.

형은 내부적인 불화와 갈등을 의미하므로, 이는 조직 내부의 잠재적 위험을 나타낼 수 있다. 팀원 간에 형에 해당하는 관계가 있다면, 그들은 심리적으로 불안정하거나 갈등을 겪을 가능성이 높다.

형의 관계에 있는 직원들을 다른 팀으로 분리 배치하거나, 사전에 갈등 조정 프로그램을 운영하여 내부 갈등이 작업 효율성과 안전에 미치는 부정적 영향을 최소화해야 한다.

형의 운이 들어오는 직원에게는 개별 상담을 제공하여 스트레스와 불안감을 관리하도록 돕고, 심리적 안정감을 회복하도록 지원해야 한다. 이는 개인의 심리적 불안정으로 인한 실수를 예방하는 데 효과적이다.

합은 조화와 협력을 의미하므로, 합의 관계에 있는 직원들은 서로에게 긍정적인 영향을 미치며 시너지를 창출할 가능성이 높다.

합의 관계에 있는 직원들을 같은 팀에 배치하여 협업을 강화하고, 긍정적인 조직 분위기를 조성해야 한다. 이는 팀 전체의 안정성과 효율성을 높여 사고 발생률을 낮추는 데 기여한다.

경험이 많은 숙련된 직원과 신입 직원을 합의 관계에 맞게 멘

토-멘티로 맞어주면, 신입 직원은 더욱 안정감을 느끼며 빠르게 업무에 적응하고, 숙련된 직원은 책임감을 가지고 안전을 관리하는 데 집중할 수 있다.

명리학의 형, 충, 합, 해 이론은 단순히 운세를 점치는 개념을 넘어, 에너지의 흐름과 인간의 심리적 변화를 예측하는 심오한 도구이다. 이 이론을 안전 관리에 적용하는 것은 사람과 환경, 그리고 시간의 흐름을 통합적으로 고려하는 새로운 차원의 접근을 가능하게 한다.

충이 가져오는 급작스러운 위험에 대비하고, 형이 유발하는 내부 갈등을 해소하며, 합이 만들어내는 긍정적인 에너지를 활용함으로써 우리는 더욱 안전하고 조화로운 작업 환경을 구축할 수 있을 것이다. 이는 단순한 기술적 안전을 넘어 인간의 본질과 상호작용을 깊이 이해하는 안전 철학으로 나아가는 길이다.

명리학에서 해(害)가 사주 원국에 있거나 운에서 들어올 때 안전과 관련하여 다음과 같은 방식으로 해석될 수 있다.

해는 겉으로 드러나지 않는 위험을 의미한다. 예를 들어, 교통

사고나 낙상 같은 갑작스러운 사고는 충(冲)에 가깝지만, 해는 기계 오작동, 건물 내부의 구조적 결함, 또는 예기치 않은 질병처럼 서서히 문제가 드러나거나 숨겨진 위험으로 다가올 수 있다.

해는 배신, 이간질, 구설수 등 사람 관계에서 오는 해로움을 뜻하기도 하다. 이는 곧 정신적 스트레스를 유발하고, 이로 인해 집중력이 흐트러져 안전사고로 이어질 수 있다. 특히 운전 중이나 위험한 작업을 할 때 주변 사람과의 갈등이 큰 영향을 줄 수 있다.

또한, 신체 내부의 장기 손상이나 만성 질환도 해와 관련이 있다. 예를 들어, 자(子)와 미(未)의 해는 비뇨기과, 신장, 또는 소화기 계통의 문제를 일으킬 수 있다. 이는 결국 신체 기능 저하로 이어져 안전한 일상 생활을 방해할 수 있다.

돌고도는 12운성

12운성(十二運星)은 명리학에서 일간(日干)의 에너지 흐름을 12단계로 나누어 설명하는 개념이다. 이는 마치 인간의 일생이 탄생부터 소멸까지 12단계 주기를 거치는 것처럼, 일간의 기운이 계절과 지지(地支)의 변화에 따라 강해지거나 약해지는 과정을 나타낸다. 12운성은 단순한 길흉을 넘어, 특정 시기에 개인이 느끼는 심리적, 신체적 상태를 예측하는 데 중요한 통찰을 제공한다.

12운성은 일간(나 자신)이 지지(시간, 환경)에 따라 어떤 상태에 놓이는지를 12가지로 분류한 것이다. 각 단계는 인간의 일생과 매우 흡사한 비유를 담고 있다.

장생(長生): 생명이 시작되는 단계. 새로운 시작, 성장, 활력이 넘치는 시기. 마치 아기가 세상에 태어나 힘차게 자라는 것과 같다.

목욕(沐浴): 세속의 때를 씻어내는 단계. 순수한 감성과 매력이 있지만, 변덕스럽고 불안정한 시기이다. 사춘기 소년, 소녀와 같다.

관대(冠帶): 어엿한 성인이 되어 사회적 역할을 시작하는 단계. 책임감과 자립심이 강하지만, 아직 미숙함이 남아 있다.

건록(建祿): 힘이 절정에 달해 독립적이고 안정적인 기반을 다지는 단계. 가장 왕성하게 활동하며 성공을 이룰 수 있는 시기.

제왕(帝旺): 권력과 힘이 최고조에 달한 단계. 모든 것이 순조롭고 자신감이 넘치지만, 동시에 하락의 시작을 알리는 정점이기도 하다.

쇠(衰): 힘이 쇠퇴하기 시작하는 단계. 노련한 지혜와 경험이 있지만, 육체적인 힘은 점차 약해진다.

병(病): 질병에 걸려 기운이 쇠약해지는 단계. 육체적, 심리적으로 취약해져 휴식과 안정이 필요한 시기.

사(死): 생명이 소멸하는 단계. 모든 활동이 멈추고 새로운 시작을 준비한다.

묘(墓): 모든 기운이 무덤에 들어가 저장되는 단계. 숨겨진 잠재력과 재능을 키우는 시기.

절(絶): 모든 관계와 인연이 끊어지는 단계. 과거를 청산하고 새로운 시작을 위해 완전히 비워내는 시기.

태(胎): 새로운 생명이 잉태되는 단계. 미래를 향한 희망과 가능성이 움트는 시기.

양(養): 잉태된 생명이 성장하고 양육되는 단계. 순조로운 준비와 보호가 이루어지는 시기.

12운성 이론은 단순히 운세를 예측하는 것을 넘어, 개인의 심리적, 신체적 에너지 상태를 파악하여 안전에 활용할 수 있는 중요한 통찰을 제공한다. 이는 '인간의 안전은 성품과 체질, 심리적 관점에서 이해해야 한다'는 사상과도 맥을 같이한다.

또 하나의 변동코드 12신살(神殺)

　12신살(十二神殺)은 명리학에서 삼합(三合)을 기준으로 12단계로 나눈 운명의 흐름과 그에 따른 길흉을 예측하는 개념이다. 살(殺)이라는 용어 때문에 부정적인 의미로만 여겨지기 쉽지만, 이는 단순히 위험을 경고하는 것을 넘어, 삶의 각 단계에서 마주하게 되는 변화와 도전, 기회와 위기를 상징한다.

　12신살은 개인의 운명적 특성과 환경적 요인을 연결하여 안전 문제에 대한 중요한 통찰을 제공할 수 있다.

　12신살은 인오술(寅午戌), 해묘미(亥卯未), 신자진(申子辰), 사유축(巳酉丑)의 네 가지 삼합(三合) 그룹을 기준으로 만들어진다. 각 삼합은 생지(生支), 왕지(旺支), 묘지(墓支)로 구성되어 있으며, 이는 계절의 시작, 절정, 소멸을 상징한다. 12신살은 이 흐름에 따라 순환하며, 각 단계는 다음과 같은 의미를 가진다.

겁살(劫殺): 힘을 빼앗기는 시기. 예측 불가능한 사고나 손실이 발생할 수 있다.

재살(災殺): 재앙과 고난이 닥치는 시기. 일이 꼬이고 관재구설에 휘말릴 수 있다.

천살(天殺): 하늘의 뜻에 따르는 시기. 거대한 외부 환경이나 천재지변에 무력해질 수 있다.

지살(地殺): 새로운 환경으로 이동하는 시기. 역마와 같아 이사, 출장, 여행이 잦아진다.

연살(年殺): 인간관계와 연애운이 발달하는 시기. 화려하고 주목받지만, 구설수가 따를 수 있다.

월살(月殺): 고통과 침체가 따르는 시기. 하는 일이 막히고 마음대로 되지 않는다.

망신살(亡身殺): 몸과 명예를 망치는 시기. 비밀이 드러나거나, 실수로 인해 망신을 당할 수 있다.

장성살(將星殺): 힘과 권위가 최고조에 달하는 시기. 리더십을 발휘하고 성공을 이끌 수 있다.

반안살(攀鞍殺): 편안하고 안정적인 시기. 말안장에 올

라탄 것처럼 승진과 안정이 따른다.

역마살(驛馬殺): 바쁘게 움직이고 이동하는 시기. 변화와 활동이 많아진다.

육해살(六害殺): 육체적, 정신적으로 해를 입는 시기. 질병이나 건강 문제가 발생할 수 있다.

화개살(華蓋殺): 예술적 재능이 발달하고 내면을 성찰하는 시기. 화려함 뒤에 고독함이 숨어 있다.

안전 인사이트

12신살 이론은 특정 시기에 개인이 처할 수 있는 잠재적 위험을 예측하고, 이를 사전에 관리하는 데 활용될 수 있다. 이는 '인재(人災)'를 예방하는 중요한 심리학적, 관리적 통찰을 제공한다.

대부분의 사주는 몇 가지 12신살이 포함되어 있다. 문제는 특정 신살이 3개 이상 누적되어 존재한다면 그 기운을 무시할 수 없다는 점이다.

겁살(劫殺), 재살(災殺) 시기: 이 시기는 예측 불가능한 사고나 재난이 발생할 가능성이 높다.

해당 시기에 있는 직원에게는 위험도가 높은 작업을 줄이거나, 안전 매뉴얼을 더욱 철저히 숙지하도록 해야 한다. 심리직으로 불안정해질 수 있으므로, 팀원들이 서로의 상태를 살피는 시스템을 도입하는 것이 효과적이다.

지살(地殺), 역마살(驛馬殺) 시기: 이 시기는 이동이 잦아 교통사고나 돌발 사고에 취약할 수 있다.

출장이 많은 직원이라면 이동 경로의 안전성을 미리 확인하고, 과속이나 무리한 운전을 피하도록 교육해야 한다. 업무용 차량의 안전 점검을 강화하는 것도 중요하다.

월살(月殺), 육해살(六害殺) 시기: 이 시기는 신체적, 정신적 스트레스가 높아져 집중력이 떨어지고 질병에 걸리기 쉽다.

해당 직원의 근무 시간을 조정하여 충분한 휴식을 보장하고, 스트레스 관리 프로그램이나 심리 상담을 지원하여 심리적 불안정으로 인한 실수를 예방해야 한다.

12신살은 개인의 운명적 특성을 보여주므로, 이를 통해 각 개인에게 가장 적합한 역할을 부여하여 안전을 강화할 수 있다.

장성살(將星殺) 시기: 리더십과 추진력이 강해지는 시기이다. 이 시기에 해당하는 직원은 안전 총괄 관리자나 위기 대응 팀장 등 중요한 리더 역할을 맡겨도 안전하게 임무를 완수할 가능성이 높다.

반안살(攀鞍殺) 시기: 안정성이 높아지는 시기다. 이 시기에 해당하는 직원은 안전 관리 시스템의 정기 점검이나, 안정적인 장기 프로젝트를 맡겨도 신뢰성 높은 결과를 낼 수 있다.

화개살(華蓋殺) 시기: 내면의 통찰력과 집중력이 높아지는 시기다. 이 시기에 해당하는 직원은 사고 원인 분석, 위험성 평가 보고서 작성 등 심도 있는 분석이 필요한 업무에 적합할 수 있다.

12신살은 단순히 미신적 길흉을 논하는 것이 아니라, 삶의 주기와 그에 따른 인간의 심리적, 신체적 변화를 예측하는 심오한 지혜를 담고 있다.

변화의 에너지 대운, 세운, 월운

명리학에서 대운(大運), 세운(歲運), 월운(月運)은 시간의 흐름에 따른 운명의 변화를 설명하는 핵심적인 개념이다. 이들은 단순히 미래를 예측하는 도구를 넘어, 인간의 삶에 영향을 미치는 거대한 에너지의 주기를 나타낸다.

이 개념들을 안전에 적용한다는 것은, 고정된 위험 요인뿐만 아니라 시간에 따라 변하는 인간의 심리적, 신체적 취약성을 예측하고 관리하는 새로운 차원의 안전 패러다임을 구축하는 것을 의미한다.

우선 개념을 간단히 살펴보면 다음과 같다.

대운(大運): 10년 주기로 바뀌는 가장 큰 운명의 흐름을 의미한다. 대운은 마치 한 사람의 인생에서 사춘기, 청년기, 중년기처럼 큰 시기적 전환점을 나타낸다.

이 시기에는 개인의 환경, 직업, 관계 등 삶의 전반적인 방향이 크게 변화할 수 있다. 명리학에서 대운은 사주팔자 다음으로 중요하게 여겨지며, 한 사람의 인생에서 어떤 기회와 어려움이 다가올지를 예측하는 가장 중요한 기준이 된다.

세운(歲運): 매년 바뀌는 운의 흐름을 의미한다. 세운은 그 해의 전반적인 운세를 결정하며, 대운의 큰 흐름 속에서 발생하는 구체적인 사건과 변화를 나타낸다. 예를 들어, 대운이 성장 흐름이라도 세운에 따라 그 성장의 속도가 빠르거나 더딜 수 있다. 세운은 일 년 단위의 계획을 세우거나, 특정 해에 닥칠 수 있는 위험을 예측하는 데 활용된다.

월운(月運): 매달 바뀌는 운의 흐름을 의미한다. 월운은 세운의 영향을 받으면서도, 매달의 구체적인 감정 상태, 일의 진행 속도 등을 세밀하게 보여준다. 이는 마치 하루하루의 날씨처럼, 그 달의 컨디션과 분위기를 예측하는 데 유용하다.

　보통 사람들이 사주를 볼 때 미래에 관해 가장 궁금
해하는 것은 재물운, 결혼운, 직장운, 건강운 같은 문제
들이다. 이런 것에 관심을 갖는 것은 지극히 자연스러
운 것이다. 특이할 만한 것은 타고난 운도 있지만 대운
등에서 이러한 운이 상당 기간 긍정적으로 발현되는 시
기가 온다는 것이다.

　예를 들어 재물운은 재성을 의미한다. 운에 편재나
정재가 들어오게 된다면 재물이나 남성에 있어서는 여
성을 만날 운이 커진다는 의미이다. 물론 항상 그런 것
은 아니다. 직장운은 관성이다. 편관이든 정관이든 관
운이 들어오는 시기에 직장을 찾는다면 아무래도 운이
도와줄 수 있는 확률이 크다는 것이다. 결코 미신이라
고 생각하지 말기 바란다. 오행의 흐름이 그렇게 그 사
람을 중심으로 이행된다는 개념으로 이해해야 한다.

안전 인사이트

    대운, 세운, 월운은 단순히 운세 예측에 그치지 않고, 인간의 심리와 행동이 시간에 따라 어떻게 변화하는지를 파악하여 안전 관리 시스템에 적용할 수 있다.

    대운(大運)을 통한 '전략적 안전 관리'
    대운은 가장 큰 흐름을 나타내므로, 개인의 인생에서 가장 위험할 수 있는 시기를 전략적으로 예측하고 대비하는 데 활용될 수 있다.

    명리학적으로 충(沖), 형(刑), 재살(災殺) 등이 들어오는 대운은 인생의 큰 위기나 변화를 겪을 가능성이 높다고 본다. 이 시기에는 심리적 불안정, 직업적 변화, 건강 문제 등이 복합적으로 나타나 사고 발생 가능성이 높아질 수 있다.

    기업은 이러한 위험 대운에 해당하는 직원에게는 심리적 지원

을 강화하고, 장기적인 관점에서 업무 재배치나 휴직 등을 권장
하여 근본적인 위험 요인을 제거할 수 있다.

세운은 매년 바뀌는 운의 흐름을 나타내므로, 한 해의 안전 목
표를 수립하고 개인별 맞춤 안전 교육을 제공하는 데 활용될 수
있다.

세운에서 충, 형 등의 변화가 나타나는 해에는 개인의 신체적,
심리적 컨디션이 불안정해질 수 있다.

위험 세운에 있는 직원에게는 해당 연도에 더욱 세심한 안전
교육과 훈련을 제공해야 한다. 예를 들어, 역마살(驛馬殺)이 들어
오는 해에는 출장이 잦아질 수 있으므로, 교통안전 교육을 강화
하는 것이 효과적이다.

월운은 가장 짧은 주기의 운이므로, 매달 또는 일별 안전 관리
에 적용하여 즉각적인 위험에 대비할 수 있다.

월운에 따라 개인의 집중력이나 감정 상태가 변할 수 있다. 예
를 들어, 월운이'병(病)'에 해당하는 시기에는 피로도가 높아지고
집중력이 흐트러지기 쉽다.

관리자는 월별 안전 데이터를 분석하여 사고 발생률이 높은 특

정 시기를 파악하고, 해당 시기에 해당하는 직원에게 작업 전 간단한 심리 상태 체크리스트를 작성하게 하거나, 휴식 시간을 더 자주 부여하는 등의 조치를 취할 수 있다.

대운, 세운, 월운은 단순히 점술적 개념이 아니라, 인간의 심리적, 신체적 에너지가 시간의 흐름에 따라 어떻게 변화하는지를 보여주는 심오한 지혜이다. 이 개념을 안전에 활용한다는 것은, 사고가 특정 개인의 부주의만으로 발생하는 것이 아니라, 시간의 흐름 속에서 개인이 겪는 내적, 외적 변화의 산물이라는 점을 인식하는 것이다.

대운, 세운, 월운의 통찰을 통해 개인의 취약 시기를 예측하고, 그에 맞는 맞춤형 안전 관리를 제공할 때, 우리는 비로소 더욱 안전하고 지혜로운 사회를 만들어 갈 수 있을 것이다.

혹자는 '어떻게 개인별 운을 모두 고려할 수 있을까'라는 비현실적인 부분을 지적할 수도 있다. 문제는 운이 좋지 않을 경우에는 사고의 위험이 상대적으로 높아지는 것은 분명하다. 따라서 운이 나쁘게 작용할 때는 여느 때보다도 조금 더 안전에 경각심을 갖도록 하는 것이 필요하다.

08

이젠 AI로 일관성 있는 해석을

○ ● ○

사주는 평생을 학습해도 모자랄 정도로 그 내용이 광범위하다. 하지만 안전제일이라는 목표에 국한한다면 오히려 심플한 접근이 가능할 것이다.

AI의 상용화가 주는 파급력은 상상을 초월한다. 이젠 사주도 AI를 활용한다면 더욱 객관적이고 정확한 정보를 얻을 수 있다는 점이 매력적이다.

AI는 결국은 어떻게 사용하는가에 따라 더 구체적인 정보를 얻을 수 있는 툴이다. 따라서 수준 높은 프롬프트를 만들면 더욱 효과적이겠지만 간단히 안전에 관련한 내용만 선별 입력해도 비교적 현실적인 결과를 도출해 낼 수 있다.

생년월일시를 그대로 입력하여 필요한 내용을 도출하는 방법도 있지만, 경험에 의하면 종종 잘못된 결과를 도출하여 당황한 적이 있다. 그래서 이를 방지하기 위해서는 사주 어플을 실행시키고 거기서 도출된 사주 관련 이미지 자료를 AI에 첨부해 해석하는 방법을 추천한다.

왜냐하면 생년월일시만 입력했을때 AI는 1단계로 사주를 분석하는 과정을 거치고 이후 프롬프트 명령어를 실행하게 된다. AI만으로 사주를 분석할 경우 시스템에 할당된 자원이 제한적이기에 전체 내용이 부족하거나 오류가 발생할 수 있다.

따라서 사주분석 전문 어플을 통해 1차 분석을 권장한다. 만세력을 활용한 어플은 얼마든지 있다. 저자의 경우에는 비교적 여러 사람의 데이터를 보관할 수 있고, 광고가 없는 '천을귀인' 앱을 사용한다.

천을귀인 스마트폰용 앱

이제부터 첨부된 QR코드를 링크하여, 앱을 설치하고 자신의 사주 결과를 분석해 보자.

분석 결과에 사주 전문용어가 많이 있어 일반사람이나 초보자는 다소 어렵게 느껴질 수 있다. 따라서 결과 위주로 살펴보고 기억하도록 한다. 처음 사주를 접하는 사람을 위해서 단계적으로 활용하는 방법을 소개한다.

AI앱 설치: Chat-GPT, 제미나이 등을 권장한다.

(단, AI는 무료와 유료에 따라 응답 내용 품질에는 다소 차이가 있음)

사주 어플 설치: 플레이스토어에 '사주'라고 검색하면 '정통사주', '천을귀인', '운세' 등 많은 어플이 나오는데, 간단히 사용해 보고 본인의 취향에 맞는 앱 설치를 권

장한다.

먼저 본인의 정확한 생년월일시를 파악한다. 그리고 음력, 양력을 구분하여 입력한다. 종종 자시(子時)에 태어난 사람은 야자시 적용을 묻는 경우가 있는데 'YES' 하면 무리 없다. 예전에는 하루의 시작이 당일 새벽 1시 이후부터였는데 지금은 자정 기점으로 하루 날짜가 바뀌기 때문이다.

사주를 조회하면 사자 팔자에 따른 십성, 지장간, 납음, 형충 파해, 12운성, 12신살, 대운, 세운 등의 정보가 나타난다. 현실적으로 안전은 운보다는 명에 관심이 많으니 사주 팔자에 십성, 지장간, 형, 충, 파, 해 정도의 데이터가 포함된 이미지를 캡처한다.

캡처한 파일을 AI에 첨부하고 아래와 같은 프롬프트 입력 후 결과를 조회한다.

첨부한 명주가 안전관련 직무를 수행하고자 한다. 아래사항을 분석해서 결론 위주로 설명해 줘(적합한 직무, 부적합한 직무, 돌발적이거나 엉뚱한 행동 가능성, 팀웍 협력 여부, 고위험 작업의 적정성 등).

　* 필요시 더 많은 분석 내용을 추가해 테스트해 볼 수 있다.

결과에는 사주에 따라 다양한 의견이 나타난다. 관리자와 본인은 사주에 나타난 결과를 중심으로 수차례 검증해 본 이후 동일한 결과에 대해서는 업무 투입 시 신중히 참고하는 노력이 필요할 것이다.

사주 결과는 현재 상태의 80% 이상 정확도를 가진다고 생각한다. 나머지 20%는 현재 상태에 영향을 미치는 다양한 요인(개인의 의지, 만나는 사람)에 의해 변화될 뿐이다. 물론 이런 부분까지 고려한다면 거의 완벽에 가까운 해석이 될 것이다.

하지만 우리의 목표는 사람의 선천적 성품과 기질을 파악하고 적재적소에 인력을 배치시킴으로 본인과 맞지 않는 일을 함에 따른 리스크를 줄이고, 심리변동을 예의 주시하여 사고를 미연에 방지하는데 목표가 있다.

다만, 사람을 통해 사주를 해석하면 자세한 해석과 심리적인 공감을 높일 수 있으나 시간과 비용이 수반되며, 사람에 따라 해석의 편차가 발생할 수 있다. 따라서 AI를 활용한 방법을 적극 추천한다.

적어도 AI는 사주 전문가가 범할 수 있는 편중된 해석은 없다. 분석 결과는 서로 공유하여 상대방의 의견을 경청한다.

일방적으로 판단하기보다는 사주 결과에도 차이는 있을 수 있다는 점을 인정하고 장단점에 대해 소통하는 것이 바람직하다. 종종 자신의 생년월일이 잘못되어 엉뚱한 결과를 표출할 수 있으니 이 점도 유의해야 한다.

사주 분석에 부정적인 사람을 억지로 강요하지 말고 다른 분석 툴을 활용한다. 종교적 신념이나 자신만의 편견이 있는 사람을 억지로 해석하는 것은 또 다른 갈등을 유발할 수 있다. 이런 경우, 사상체질, MBTI 등 비교적 범용화된 자료를 활용하는 것도 방법이다. 하지만 사주 분석에서만 나타나는 세밀한 성향, 기질은 알 수 없다는 한계가 있다.

분석 결과에 따라 장단점을 고려하여 업무를 배치한다. 적정한 배치는 비단 안전 리스크를 줄이는 것 외에 업무 효율 증진을 위해 매우 중요하다. 관리감독자는 사주 결과를 고려하여 업무 배치의 근거로 삼고 지속적으로 행동을 모니터링하며 피드백하는 노력이 필요하다.

가용 인력이 충분하지 못한 경우에는 근로자의 위험성을 사전에 인지시켜 보다 상세한 안전관리가 이뤄지도록 협력해야 한다. 일용 근로자들의 상태를 일일이 파악하는 데는 한계가 있지만 어떤 형태로든 파악해야 한다.

왜냐하면 대부분의 안전 재해자는 외부 근로자에게 발생하기 때문이다. 필요하면 사전 개인 정보조회 동의 받아 AI를 통해 분석하고 참고하는 것도 방법이다.

09

부가적인 심리도구 활용

○ ● ○

명리학의 개념이 다소 광범위하고 이해하기가 어려
운 경우에는 간단히 심리도구를 활용하는 것도 방법이
다. 명리학의 사주팔자만큼 정교하고 방대한 결과 데이
터를 기대할 수는 없지만 나름의 성향 파악에는 도움이
된다.

MMPI

MMPI(Minnesota Multiphasic Personality Inventory)는 전 세계 임상 심리학자와 정신과 의사들이 가장 신뢰하는 심리 검사 도구다. MBTI나 애니어그램이 사람의 성격 유형을 분류하여 서로의 다름을 이해하는 데 초점을 둔다면, MMPI는 개인의 성격 특성뿐만 아니라 정신병 리적 상태, 사회적 적응 수준, 검사에 임하는 태도까지 다면적으로 평가한다.

수십 년간 축적된 방대한 임상 데이터를 바탕으로 표 준화되었기 때문에, 주관적인 판단을 배제하고 매우 객 관적이고 과학적인 결과를 제공한다. 안전 분야에서는 근로자가 현재 업무를 수행하기에 심리적으로 안정적인 지, 혹은 사고를 유발할 수 있는 불안 요소를 가지고 있 는지 판별하는 데 가장 강력한 근거를 제시한다.

MMPI는 질문지 형태의 검사로, 주로 MMPI-2(성인용) 가 가장 널리 사용된다.

방식: 약 567개의 문항(단축형 338문항)에 대해 예(그렇다) 또는 아니요(아니다)로 응답한다.

소요 시간: 보통 60분~90분 정도 소요된다.

특이점(타당도 척도): MMPI의 가장 큰 강점은 수검자가 거짓말을 하거나 자신을 좋게 보이려고 꾸미는 것을 감지해 낸다는 점이다.

- L 척도(Lie): 자신을 사회적으로 완벽한 사람처럼 보이려 하는지 탐지.

- F 척도(Infrequency): 일반적이지 않은 반응을 보이거나 심리적 고통을 과장하는지 탐지.

- K 척도(Defensive): 자신의 문제를 은폐하고 방어적인 태도를 보이는지 탐지.

이러한 장치 덕분에 안전 관리자는 근로자가 솔직하게 자신의 상태를 드러내고 있는지, 아니면 문제를 숨기고 있는지를 파악할 수 있다.

MMPI 결과는 단순히 '성격이 좋다/나쁘다'를 따지는 것이 아니라 안전 사고로 이어질 수 있는 심리적 징후를 사전에 포착하는 데 활용된다.

① 충동성과 반사회적 성향 탐지(Pd 척도 등)

② 주의력 결핍 및 불안/우울 감지(D, Pt 척도 등)

③ 공격성과 적대감 파악(Pa 척도 등)

④ 사고 경향성(Accident Proneness) 예측

　명리학이 우리가 타고난 '선천적 설계도'를 보여준다면, MMPI는 그 설계도가 거친 환경을 지나오며 현재 어떤 상태가 되었는지 보여주는 '정밀 안전 진단서'와 같다. 이 두 가지를 함께 활용할 때, 우리는 인간이라는 불확실한 존재를 더 깊이 이해하고 안전을 확보할 수 있다."

애니어그램

애니어그램(Enneagram)은 인간의 성격을 9가지 유형으로 분류하는 심리학적 모델이다. 이 모델은 각 유형이 가진 고유한 핵심 동기, 두려움, 강점, 그리고 약점을 이해함으로써 자기 이해와 타인 이해를 돕는 데 초점을 맞춘다. '애니어(Ennea)'는 그리스어로 '아홉(nine)'을, '그램(Gram)'은 '점, 도형(point, figure)'을 의미한다. 아홉 개의 점으로 이루어진 원형 도형이 각 유형의 복잡한 관계를 시각적으로 보여준다.

애니어그램의 각 유형은 특정 핵심 동기(Core Motivation)에 의해 움직인다. 이 동기는 무의식적으로 우리의 생각, 감정, 그리고 행동을 이끌어 간다.

애니어그램 유형을 신속히 파악하려면, 행동 패턴보다는 내면의 핵심 동기(Core Motivation)에 초점을 맞추는 것이 가장 중요하다.

1. 테스트는 보조 수단으로만 활용한다.

온라인 테스트는 시작점으로 활용하되, 그 결과에 너무 의존하지 말아야 한다. 애니어그램은 단순히 행동을 분류하는 것이 아니라 왜 그렇게 행동하는지(동기)를 이해하는 도구이기 때문이다.

2. 핵심 동기와 두려움에 집중한다.

각 유형을 빠르게 훑어보면서 각 유형의 기본적인 두려움과 욕망 중 나를 가장 잘 설명하는 것은 무엇인지 스스로에게 질문한다. 이것이 유형을 찾는 가장 빠르고 정확한 방법이다.

애니어그램은 개인의 성격 유형과 동기, 두려움을 이해하는 데 유용한 도구이다. 이를 산업 안전 분야에 적용하면 직원의 행동 안전(Behavior-Based Safety, BBS) 개선과 안전 문화 조성에 크게 기여할 수 있다.

1번 (개혁가)	규칙 준수, 완벽주의, 실수 회피	정확한 절차를 강조하고, 규칙을 따라야 하는 윤리적/논리적 이유를 제공한다. "올바른 방식"에 집중한다.
2번 (조력가)	돕고자 하는 욕구, 관계 중심	동료를 돕고 보호하는 역할을 강조한다. 안전 행동이 팀 전체에 미치는 긍정적 영향을 설명한다.
3번 (성취가)	성공, 효율성, 이미지 중시	안전이 생산성/효율성 목표 달성에 필수적임을 보여준다. 안전 리더십을 인정받는 기회로 활용한다.
4번 (개인주의자)	독특함, 의미, 감정 중시	안전 절차에 개인의 책임과 의미를 부여한다. 안전 수칙을 지키는 것이 자기 존중임을 연결한다.
5번 (탐구자)	지식 습득, 분석, 독립성	안전 매뉴얼과 기술적 정보를 상세하게 제공한다. 안전 문제에 대한 분석적 접근을 장려한다.
6번 (충실가)	안전 추구, 위험 예측, 의심	발생 가능한 위험 시나리오와 대비책을 구체적으로 제시한다. 안전 시스템의 신뢰성과 안정성을 강조한다.
7번 (낙천가)	즐거움, 다양성, 지루함 회피	참여적이고 역동적인 안전 교육(게임, 시뮬레이션)을 활용한다. 안전 활동을 재미있고 긍정적인 경험으로 만든다.
8번 (도전자)	통제, 강함, 정의 중시	안전 조치 결정에 참여할 기회를 제공한다. 책임감 있는 리더로서 안전을 이끌도록 동기 부여한다.
9번 (평화주의자)	조화, 갈등 회피, 수용	팀워크와 화합 속에서 안전이 이루어짐을 강조한다. 편안하고 비판적이지 않은 환경에서 피드백을 제공한다

위기 상황에서 각 유형이 보이는 스트레스 반응을 예측하여 사고를 예방하고 적절하게 대응한다.

6번 유형: 잠재적 위험에 대해 과도한 불안을 느끼거나, 극단적으로는 권위에 반항할 수 있다. 따라서 안전 관련 우려를 경청하고, 합리적인 증거와 구조화 된 계획으로 안심시킨다.

7번 유형: 위험을 경시하거나, 지루한 안전 수칙을 무시하고 지름길을 택하려 할 수 있다. 안전 수칙 미준수의 실제적이고 부정적인 결과를 명확히 인지시킨다.

8번 유형: 위험 상황에서 충동적이고 공격적인 행동을 취해 다른 사람을 위험에 빠뜨릴 수 있다. 따라서 위기 시 정해진 리더 역할을 부여하여 책임감 있게 행동하도록 유도한다.

애니어그램을 활용하여 직원 간의 상호 이해를 높이고 개방적인 안전 문화를 구축할 수도 있다. 예를 들어

1번, 6번 유형에게는 안전 점검 및 절차 감사 역할 부여(규칙 및 위험 예측 능력 활용).

2번, 9번 유형에게는 안전 캠페인 및 동료 지원 역할 부여(관계 및 조화 능력 활용).

5번 유형에게는 사고 보고서 분석 및 개선 방안 도출 역할 부여(분석 능력 활용)한다.

피드백 방식 개선

1번에게는 비난보다는 '개선될 수 있는 더 좋은 방법'으로 접근해야 한다.

3번에게는 '안전 행동이 회사와 개인의 성공에 기여함'을 연결하여 피드백한다.

4번에게는 개인의 감정이나 노력을 인정하며 피드백한다.

MBTI

MBTI(Myers-Briggs Type Indicator)는 사람들이 세상을 인식하고 판단하는 방식을 4가지 선호 지표를 통해 16가지 성격 유형으로 분류하는 자기 보고식 성격 유형 검사다. 이 검사는 개인의 성격적 강점과 선호도를 이해하고, 대인 관계와 직업 선택에 도움을 주기 위해 개발되었다. MBTI는 정신 질환 진단 도구가 아니라, 개인의 타고난 심리적 경향성을 탐색하는 데 사용되는 도구다.

MBTI의 4가지 선호 지표

MBTI는 칼 융의 심리 유형론을 바탕으로, 사람의 행동 양식에 영향을 미치는 4가지 양극단의 선호 지표를 제시한다.

에너지의 방향(외향 E vs. 내향 I)

외향(Extroversion)은 에너지를 외부(사람, 활동)에서 얻고, 말로 생각을 정리한다. 사교적이고 활동적이며 다양한 사람들과 교류하는 것을 즐긴다.

내향(Introversion)은 에너지를 내부(생각, 감정)에서 얻고, 내면에서 생각을 정리한다. 조용하고 신중하며 깊이 있는 관계를 선호한다.

정보 인식의 방법(감각 S vs. 직관 N)

감각(Sensing)은 오감에 의존하여 구체적이고 현실적인 정보를 인식한다. 현재의 경험과 사실을 중요하게 생각한다.

직관(Intuition)은 육감에 의존하여 미래의 가능성과 의미를 인식한다. 비유적, 추상적, 상징적인 정보에 더 관심을 가진다.

판단과 결정의 기준(사고 T vs. 감정 F)

사고(Thinking)는 논리적이고 객관적인 사실을 바탕으로 판단한다. 옳고 그름을 중요하게 생각하며, 원칙과 기준에 따라 의사 결정한다.

감정(Feeling)은 개인적이고 관계적인 가치를 바탕으로 판단한다. 좋고 싫음, 사람들의 감정과 상황을 고려하여 결정한다.

생활 양식(판단J vs. 인식P)

판단(Judging)은 계획적이고 체계적이며, 정해진 질서에 따라 생활하는 것을 선호한다. 목표를 정하고 계획을 실행하며, 깔끔하게 정리하는 것을 좋아한다.

인식(Perceiving)은 자율적이고 융통성이 있으며, 상황에 맞춰 변화하는 것을 선호한다. 계획을 미리 세우기보다 그때그때 즉흥적으로 결정하는 것을 좋아한다.

MBTI 빠르게 파악하는 요령

본인의 MBTI를 빠르게 알아보는 방법을 소개한다. 물론 다양한 질문에 의거한 결과와는 다소 차이가 있지만 거의 유사한 결과를 도출한다. 재미로 보는 것이 더 좋을 듯하다.

E v.s I: 많은 사람과 같이 있을 때 기를 받고 에너지가 충전된다. 혼자 있으면 불안하다(E). 많은 사람이 모인 장소에 가면 기가 빨리는 것 같다(I).

S v.s N: 어떤 일을 하는 데 있어 단순명료한 편이다(S). 무슨 일을 하든 생각과 고민이 많다. 때론 생기지도 않은 일도 걱정한다(N).

T v.s F: 이과(수학, 과학 등)생처럼 논리적인 생각을 좋아한다(T). 문과생처럼 과학도 소설 쓰듯 풀어쓴다(F).

J v.s. P: 제주도 여행갈 때 상세한 스케줄을 짠다. 심지어는 무엇을 먹을지도 거의 확정한다(J). 여행은 감성인데 무슨 놈의 계획? 가고 오는 교통편만 대략 정하면 되는 것 아닌가?(P)

안전 인사이트

MBTI

유형별 위험 인식 및 태도 이해

감각형(Sensing, S)은 현재 상황과 구체적인 사실에 집중한다. 안전 규칙과 매뉴얼을 있는 그대로 따르며, 눈에 보이는 위험에 민감하다. 이들에게는 현장 중심의 명확한 절차와 실제 사례 교육이 효과적이다.

직관형(Intuition, N)은 가능성과 미래의 결과에 집중하며, 때로는 눈앞의 위험을 간과하거나 새로운 방식을 시도하다 위험을 초래할 수 있다. 이들에게는 잠재적인 사고 시나리오와 장기적인 안전의 중요성을 설득력 있게 제시해야 한다.

판단형(Judging, J)은 계획적이며 결과 지향적이다. 안전 규정을 준수하고 질서를 유지하는 데 능숙하다.

인식형(Perceiving, P)은 유연성을 선호하며, 상황에 따라 규칙을 조정하려는 경향이 있다. 이들은 돌발 상황에서 기지를 발휘하지만, 루틴화된 안전 점검을 소홀히 할 수 있다.

안전 교육 및 코칭 맞춤화

사고형(Thinking, T)은 논리와 객관적인 데이터에 반응한다. 안전 규정 준수의 합리적인 이유, 통계 자료, 효율성을 제시하면 효과적이다.

감정형(Feeling, F)은 가치와 사람에 대한 영향을 중요하게 생각한다. 안전 행동이 동료나 가족의 행복에 미치는 긍정적인 영향 등 감성적인 메시지를 활용하면 안전 행동 동기 부여에 더 효과적이다.

E 외향형(Extraversion, E)은 적극적인 토론, 그룹 활동 등 활발한 참여형 교육을 선호한다. 안전 회의나 위험성 평가 시 아이디어를 활발하게 공유하도록 유도한다.

내향형(Introversion, I)은 개별적인 학습, 심층적인 자료 분석을 선호한다. 교육 전 안전 매뉴얼을 미리 제공하여 스스로 내용을 숙지할 시간을 주거나, 소규모 그룹 코칭을 제공하는 것이 효과적이다.

심리적 안전 문화 및 소통 증진

MBTI를 통해 팀원 간의 소통 스타일 차이를 이해하면 안전 관련 대화의 효율성을 높이고, 심리적 안전(Psychological Safety)을 구축할 수 있다.

갈등 감소: 서로 다른 유형의 소통 방식을 이해하면, 예를 들어 T 유형의 직설적인 피드백을F 유형이 개인적인 비난으로 오해하는 일을 줄일 수 있다.

보고 문화 활성화: 내향적이거나 감정적인 유형이 안전 위험에 대해 불안감 없이 목소리를 낼 수 있는 환경을 조성한다. 관리자는 직원 유형에 맞춰 긍정적이고 비판적이지 않은 방식으로 안전 문제 제안을 유도해야 한다.

리더십 개발: 안전 관리자나 리더가 자신의 유형을 인식하고, 나머지 유형의 직원들에게 가장 효과적으로 안전 메시지를 전달하는 방식을 훈련한다.

주의 사항: MBTI는 선발이나 배치 기준으로 사용되어서는 안 되며, 오직 개인의 성향을 이해하고 개발하는 도구로만 활용해야 안전 관리의 긍정적인 효과를 볼 수 있다.

Big 5

Big 5 성격 특성(Big Five Personality Traits)은 인간의 성격을 가장 폭넓고 안정적으로 설명하는 심리학적 모델이다. 이 모델은 오랜 기간의 연구를 통해 성격을 다섯 가지 주요 차원으로 단순화하여 제시했다.

Big 5의 5가지 핵심 특성을 요약하면 다음과 같으며, 보통 "OCEAN"으로 기억한다.

개방성(Openness to Experience)

개방성이 높은 경우 새로운 아이디어, 경험, 예술, 가치에 대해 개방적이고 호기심이 많다 상상력이 풍부하고 창의적이며, 전통에 얽매이지 않으려는 경향이 있다. 낮은 경우는 실용적이고 현실적이며, 익숙하고 안정적인 것을 선호하며, 변화를 싫어하고 전통을 중요하게 생각한다.

성실성(Conscientiousness)

성실성이 높을 때는 책임감, 조직성, 자기 훈련 능력을 나타낸다. 목표를 향해 계획을 세우고 꾸준히 노력하며, 의무를 충실히 이행하려는 경향이 있다. 꼼꼼하고 근면하며, 책임감이 강하다. 스스로를 잘 통제하고, 목표를 달성하기 위해 노력한다. 낮은 경우는 즉흥적이고 비체계적이며, 무질서한 경향이 있다. 마감 시간을 지키지 못하거나 충동적인 행동을 할 수 있다.

외향성(Extraversion)

외향성과 내향성은 에너지를 외부에서 얻는지, 내부에서 얻는지를 나타낸다. 사교성, 활력, 단호함, 긍정적인 감정 등과 관련이 있어 높을 때는 사교적이고 활동적이며, 사람들과 어울리는 것을 좋아한다. 활기차고 주장이 강한 경향이 있다. 낮은 경우는 내성적이고 조용하며, 혼자 있는 것을 즐긴다. 깊이 있는 관계를 선호하고, 소극적인 경향이 있다.

친화성(Agreeableness)

친화성은 타인과의 관계에서 협력하고 공감하는 정도를 나타낸다. 이타심, 신뢰, 겸손, 친절함 등과 관련이 있어 높을 때는 협조적이고 배려심이 깊으며, 타인과 쉽게 공감한다. 갈등을 피하고 평화로운 관계를 유지하려는 경향이 강하다. 반면 낮은 경우는 경쟁적이고 비협조적이며, 자신의 이익을 우선시한다. 솔직하고 직설적인 성향을 보여 때로는 타인과 충돌할 수 있다.

신경증(Neuroticism)

신경증은 부정적인 감정을 경험하는 정도를 나타낸다. 불안, 우울, 분노, 스트레스 등에 취약한 정도를 보여준다. 높은 경우 감정 기복이 심하고, 스트레스에 취약하다. 걱정, 불안, 우울을 자주 느끼는 경향이 있다. 반면 낮은 경우는 침착하고 안정적이며, 스트레스에 잘 대처한다. 감정의 동요가 적고, 평온한 상태를 유지 하기도 한다.

현장에서 신속히 Big 5를 알아보는 방법

Big 5 성격 특성(OCEAN)을 빠르게 알아보는 방법은 온라인에서 신뢰할 수 있는 간단한 검사 도구를 활용하거나 각 요인의 핵심 특징을 바탕으로 자기 자신이나 타인의 행동 경향을 관찰하는 것이다.

1. 온라인 간이 테스트 활용

Big 5를 가장 빠르게 알아볼 수 있는 방법은 신뢰도가 검증된 간이(Short Form) 설문지를 온라인으로 이용하는 것인데, 일반적으로 5분 내외로 짧으며, 각 요인에 대한 점수나 수준을 즉시 제공한다.

IPIP-NEO (International Personality Item Pool - Neuroticism, Extraversion, Openness): 가장 널리 사용되는 Big 5 기반의 무료 설문지 모음임. 이 중 50문항 또는 120문항 버전이 비교적 빠르면서도 신뢰할 만한 결과를 제공한다.

TIPI (Ten Item Personality Inventory): 단 10개의 문항만으로

Big 5 요인을 측정하도록 설계된 초간편 검사다. 다소 정확도는 떨어질 수 있지만, 가장 빠르게 전체적인 윤곽을 파악할 수 있어 추천한다.

2. 핵심 질문 및 관찰을 통한 파악

각 Big 5 요인의 핵심을 나타내는 질문이나 행동 양식을 관찰하면 대략적인 수준을 빠르게 짐작할 수 있다.

개방성	Openness	새로운 아이디어나 변화를 즐기는가?	호기심이 많고, 예술이나 철학적 주제에 관심이 많으며, 관습을 잘 깨는 편이다.
성실성	Conscientiousness	체계적으로 계획하고 목표를 꾸준히 달성하는가?	깔끔하고 정리정돈이 잘 되어 있으며, 약속 시간을 철저히 지키고, 마감 기한을 넘기는 일이 거의 없다.
외향성	Extraversion	사람들과 어울리고 주목받는 것을 좋아하는가?	말하는 것을 좋아하고, 에너지가 넘치며, 혼자 있기보다 단체 활동에서 활력을 얻는다.

친화성	Agreeableness	타인과 잘 협력하고 논쟁을 피하는가?	타인을 잘 믿고, 배려심이 깊으며, 다른 사람의 의견에 쉽게 동의하고 양보하는 편이다.
신경성	Neuroticism	걱정이나 불안을 자주 느끼며 감정 기복이 심한가?	사소한 일에도 쉽게 긴장하거나 불안해하며, 스트레스에 취약하고, 감정적으로 쉽게 동요한다.

안전 인사이트

이 모델은 개인의 행동 경향을 이해함으로써 안전 태도 개선, 위험 직무 배치, 맞춤형 안전 교육 등에 사용될 수 있다.

성실성 (Conscientiousness)	체계적, 책임감, 절제, 목표 지향적	가장 강한 긍정적 관계. 안전 규칙 준수, 세심한 계획, 책임감 있는 행동으로 사고율을 낮춤.
친화성 (Agreeableness)	협조적, 이타심, 배려, 신뢰	긍정적 관계. 팀원들과의 협력적인 안전 행동, 안전 규정 준수 태도에 기여.
신경성 (Neuroticism)	불안, 걱정, 우울, 정서적 불안정성	강한 부정적 관계. 스트레스와 불안정성이 집중력을 저해하고 충동적인 행동을 유발하여 사고 위험을 높임.
외향성 (Extravorcion)	사교성, 활기, 자극 추구, 적극성	복합적 관계. 안전 동기 유발에 긍정적일 수 있으나, 자극 추구 성향으로 인해 위험 감수 행동을 할 가능성이 높음.
개방성 (Openness to Experience)	호기심, 창의성, 새로운 아이디어 수용	약한 관계. 새로운 안전 아이디어를 수용하는 데 긍정적일 수 있으나, 전통적인 안전 절차를 무시할 위험도 존재.

Big 5 성격 모델의 안전 활용 방법

1. 인력 선발 및 배치

위험 직무 배치는 성실성이 높고, 신경성이 낮은 지원자를 위험 노출도가 높은 직무(예: 건설, 화학 산업)에 우선 배치하여 사고 발생 가능성을 낮출 수 있다.

성격 프로파일 활용은 단순히 개별 요인을 보는 것이 아니라, Big 5 요인의 조합(성격 프로파일)을 분석하여 특정 직무에서 우수한 안전 성과를 보일 가능성이 높은 인재를 예측하는 데 활용한다.

2. 맞춤형 안전 교육 및 훈련

신경성 높은 직원은 불안과 스트레스에 민감하므로, 정서적 안정을 위한 스트레스 관리 프로그램이나 심리 상담을 제공한다.

성실성 낮은 직원은 계획성과 절제력이 부족할 수 있으므로, 규칙 준수의 중요성을 강조하고 체계적인 업무

체크리스트 사용을 의무화하는 등 구체적이고 구조화된 교육을 제공한다.

외향성 높은 직원은 자극 추구 성향 때문에 안전 규정을 위반하기 쉬우므로, 위험 감수 행동의 단기적/장기적 결과에 대한 시뮬레이션 교육을 통해 경각심을 높인다.

3. 안전 문화 및 리더십 개발

친화성 활용: 친화성이 높은 직원을 안전 리더나 코치로 지정하여 동료들 간의 상호 의존적인 안전 문화를 조성하고, 안전에 대한 개방적인 대화와 협력을 촉진할 수 있다.

안전 동기 강화: 직원의 성격 유형에 따라 안전 동기(motivation)를 부여하는 방식을 다르게 설계하여, 조직 전체의 안전 행동 준수율을 높인다.

사상체질

명리학의 오행론은 사람의 체질, 성향을 정확히 언급하고 있다. 실제로 한방에서는 이런 원리를 이용하여 양의학도 풀기 어려운 질병을 해결하는 경우도 있다.

명리학에서는 오행에 따라 4가지 체질을 매칭하였는데 금기운(태양인), 화기운(소양인), 목기운(태음인), 수기운(소음인)이다. 독자들의 이해를 쉽게 하기 위해 간단히 언급한다. 이 세상 사람을 단순히 4개 체질을 구분하는 것은 억측이다. 다만 무지개색을 편의상 7가지로 구분하여 명명하고 MBTI가 편의상 성향 16개로 구분하는 것과 마찬가지로 이해하기 용이하게 한 것이다.

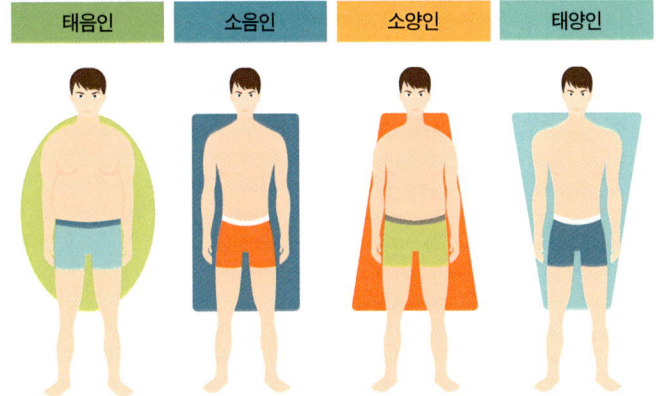

태음인 | **소음인** | **소양인** | **태양인**

간대폐소(肝大肺小)
몸 밖으로 나가는 기운이 약하고 몸 안으로 모으는 기운이 강함. 체중이 늘어나는 경우가 많다.

신대비소(腎大脾小)
대사기능이 느린 편이고, 소화 기능이 취약. 대변을 저장하려는 기능이 강해 배변이 수월하지 못함.

비대신소(脾大腎小)
대사기능이 빠른 편이다. 배변이 규칙적이며 빠르고 소화 기능이 비교적 잘 유지.

폐대간소(肺大肝小)
몸 암으로 모으는 기운이 약함. 대신 몸 밖으로 빠져나가는 기운이 강해 마른 체격을 유지.

태양은 귀골이 건장한 군인장성 스타일이다. 머리가 크고 목이 굵고 다소 마른듯하면서 근육질이다. 역삼각형의 모습, 폐가 강하지만 간이 약한 것이 특징이다. 우리나라에서는 2% 정도로 많지 않다. 보스형이며 직관적 성향이 있다. 이 사람은 목의 기운이 가득하여 용기 있게 활동하는 경향이 있다.

소음인은 기본적으로 작고 왜소하다. 기운이 없어 보이기도 한다. 하지만 내적 에너지가 대단하다. 끈기가 있다. 특히 신장이 튼튼하여 노폐물 필터링은 타의 추종을 불허한다. 그래서 그런지 장수하는 경우가 많다는 통계가 있다. 요즘은 다이어트 열풍에 의해 후천적 소음으로 보이는 경향이 있는데 어디까지 외형적일 뿐이다.

이들은 마음도 차고 예민하다. 다만 급격한 변동에는 판단력이 저하되므로 태양인처럼 현장 감각과 순발력을 요하는 일에는 고민해야 한다.

소양인은 우리나라 인구의 30% 이상 차지하는 흔한 체질이다. 둥근 냄비형의 외모, 대부분 활발하고 친화적이다. 하지만 꼼꼼함에는 한계가 있다. 화의 기질의 풍성하여 다혈질과 같은 성향이 지배적이다. 다만, 커뮤니케이션에는 남다른 자질이 있어 소통에 활용 가치가 크다.

마지막으로 태음인이다. 우리나라 사람의 35% 정도를 차지하는 묵묵한 일꾼이다. 배려심이 많고 온순의 아이콘, 약간 뚱한 체질이 많다. 간이 좋아 과음하는 경우도 있지만 폐가 약하다. 북극곰과 같은 스타일, 한번 일하게 되면 끝까지 밀어붙이는 기질이 있다.

우리의 관심사는 결국 안전이다. 여기서 주의해야 할 체질을 보면 소양인이다. 소양성이 클수록 성급하고 덤벙대는 경향이 있다. 즉 돌발성 실수를 가져올 수 있다. 따라서 고위험자 작업 시는 전혀 다른 성향의 사람을 2인 1조로 엮거나 짧은 시간 내에 끝낼 수 있는 작업이 좋다.

태양인은 때론 무리한 행동과 안전수칙 무시 등 자기예외 심리가 강하다. 이런 사람이 영웅심이 증가하면 또 다른 문제의 원인이 된다. 따라서 관리자는 예의 주시해야 한다.

태음인은 스스로 과로하면서 스트레스 또한 무시하는 목표지향적 사람이다. 그래서 무리로 인하여 본인에게는 치명적인 질병을 유발시킬수 있다. 이역시 산업재해로 간주되므로 주의가 요망된다.

　마지막으로 소음인이다. 소음인은 신속한 대처가 좀 어려운 편이다. 판단력이 늦어 본인뿐 아니라 타인의 안전에도 리스크가 될 수 있으므로 스텝형 안전관리가 적절하지 않을까 생각한다.

안전 인사이트

1. 체질별 심리적 경향과 안전 취약점

태양인 (肺大肝小)	진취적이고 영웅심이 강함. 한 번 결정하면 밀고 나가는 추진력이 뛰어남.	**과도한 추진력과 무모함:** 세부 사항을 간과하고, 큰 목표에 집중하여 사소한 안전 절차를 무시하기 쉬움.
태음인 (肝大肺小)	인내심이 강하고 신중하며 끈기가 있음. 맡은 일에 묵묵히 전념하는 안정적 성향.	**느린 반응과 변화 거부:** 변화에 느리게 반응하며, 관행을 고수하려 해 새로운 안전 기술이나 절차 도입에 저항하거나 늦게 대처할 수 있음.
소양인 (脾大腎小)	외향적이고 봉사심이 강하며 의협심이 뛰어남. 상황 판단이 빠르고 활발함.	**경솔한 행동과 감정적 충동:** 성격이 급하여 충분한 고려 없이 행동하거나, 순간적인 충동으로 안전 수칙을 지키지 않고 위험을 감수하기 쉬움.
소음인 (腎大脾小)	내성적이고 신중하며 조직적이고 치밀함. 꼼꼼하게 계획을 세우는 데 능함.	**소심함과 대인관계 스트레스:** 위험 상황에서 적극적으로 대처하지 못하고 주저하거나, 과도한 스트레스로 인해 주의 집중력이 흐트러져 사고로 이어질 수 있음.

2. 안전 관리 및 교육의 맞춤형 적용

A. 맞춤형 안전 교육 및 소통 방식

태양인: 대의명분과 안전의 궁극적인 목표를 제시하여 동기 부여. 지시보다는 자율적인 리더십을 발휘하여 안전을 선도하도록 독려해야함.

태음인: 명확하고 반복적인 교육을 통해 새로운 절차를 완전히 숙지할 시간을 주어야 함. 끈기를 발휘할 수 있는 장기적인 안전 프로젝트에 참여시킨다.

소양인: 시청각 자료나 체험형 교육 등 흥미롭고 빠른 이해를 돕는 방식으로 교육해야함. 성급함을 경계하도록 '잠시 멈춤(Stop & Think)' 원칙을 강조해야 함.

소음인: 개별적이거나 소규모 그룹 교육을 통해 편안함을 느끼게 된다. 규정이나 절차를 체계적이고 논리적으로 설명해주어야 잘 수용한다.

B. 체질별 스트레스 관리 및 심리 안전

태양인: 지나친 권위적 제약과 자존심 손상을 피해야 한다. 자율성을 보장하고 성과를 인정해주는 것이 중요하다.

태음인: 갑작스러운 환경 변화나 무리한 요구를 피한다. 안정

된 작업 환경과 꾸준한 업무 분배가 필요하다.

소양인: 지루하고 반복적인 업무를 오래 맡기면 쉽게 지치고 산만해질 수 있다. 다양하고 활동적인 역할을 부여하여 에너지를 발산하게 한다.

소음인: 복잡한 대인관계 갈등이나 과도한 책임감을 주면 소화 불량 등 신체적 스트레스로 이어지기 쉽다. 정확하고 명료한 업무 지시와 안정적인 관계를 제공해야 한다.

3. 안전 업무 및 역할 배치

체질별 강점에 맞춰 안전 관련 역할을 부여하여 시너지를 창출할 수 있다.

점검 및 관리(SOP 준수): 소음인과 태음인은 세부적인 규정을 놓치지 않는 치밀함과 끈기가 있어 일상적인 안전 점검, 문서화, 기록 관리 등에 적합하다.

비상 대처 및 리더십: 태양인과 소양인은 신속한 판단력과 추진력이 있어 비상 상황 시 초기 대응 리더나 안전 캠페인 주도 역할에 적합하다.

명리학과 긍정의 문화, 인재(人災) 없는 대한민국을 꿈꾸며

　명리학을 깊이 접하며 깨달은 사실은 이 학문이 우리의 삶과 매우 밀접하다는 것이다. 단순히 재미로 보는 점술이 아니라, 지극히 현실적이고 과학적인 인력 활용의 '현미경'이다. 과거 삼성그룹이 인재 채용 시 사주 전문가를 대동했던 사례는 명리학이 실전 경영에서 얼마나 유용한 도구인지를 방증한다.

인간은 사회적 가면을 쓰고 살기에 내면을 파악하기 어렵지만, 명리라는 잣대를 대면 본질이 투명하게 드러난다. 특히 안전 관리에서 이는 결정적인 역할을 한다. 나는 모든 현장에 '위험을 감지하는 천부적인 촉'을 가진 이들을 배치해야 한다고 믿는다. 자격증이나 경험도 중요하지만, 위험을 예지하는 능력은 타고난 기질과 성향에서 비롯되기 때문이다.

마지막으로 안전한 일터를 위해 두 가지 당부를 전하며 글을 맺고자 한다.

첫째, 긍정적인 마인드가 안전의 시작이다.

긍정은 단순한 구호가 아니라 뇌 과학에 기반한 실용적 전략이다. 도파민 분비를 촉진해 주의력과 집중력을 높이고, 위기 상황에서 침착하고 이성적인 판단을 내리게 돕는다. 반면 불안과 스트레스는 시야를 좁혀 사고를 유발한다. 안전은 결국 '마음'에서 시작된다.

둘째, "지시하지 말고, 칭찬하고, 포용하자."

수직적인 명령은 사고력을 저하시키고 책임 회피를 낳는다. 반면 칭찬은 내재적 동기를 이끌어내는 가장 강력한 수단이다. 정서적 지지를 상징하는 '포옹'은 옥시토신 분비를 도와 심리적 안정감을 높이고 소속감을 강화한다. "너는 혼자가 아니다"라는 메시지가 공유될 때, 서로를 지켜주는 안전 문화가 정착된다.

명리학을 통한 인간 이해와 긍정적인 조직 문화가 결합한다면, 우리는 인재(人災)를 획기적으로 줄일 수 있다. 이제 선조들의 오래된 지혜를 빌려 대한민국 무재해의 시대를 열 때이다.